船の航行にはどんなルールが!?

航路・旅客船の不思議と謎

風来堂 編
Furaido

JIPPI Compact

実業之日本社

はじめに

日本の港から港へ、海上の輸送を担う旅客船。鉄道やバスなど陸路の発達により、以前に比べればやや存在感が薄くなった感がある。それでも離島航路など、陸路や空路のない地域間では輸送の主役として全国で活躍している。

「旅客船」とは、海上運送法では「13人以上の旅客定員を有する船舶」と定められている。運航形態は、大型の客船で長距離かつ長期間の航海をするクルーズ船、港内や湖など比較的短距離を観光する遊覧船などさまざまだ。

旅客船のなかで、「ある場所からある場所へ人を運ぶ」ことを目的とした運航が「一般旅客定期航路事業」。時間を定めて定期的に同じ航路を運航する船がこれにあたる。

現在、国内で運航されている一般旅客定期航路は500程度で、年間の輸送人員は8000万人前後で推移している。大小数多くの島からなる島国・日本では、海上交通の要である旅客船は、なくてはならない存在だ。

本書ではこのような、いわゆる「定期旅客航路」を中心に取り上げている。1章と6章は、航路の基礎知識と雑学を中心とした広範な話題。2～5章は、各航路や船舶にフォーカスしている。現役が中心だが、過去にあったものも含まれる。難アクセスの孤島に就航する航路、クルーズ船にも劣らない豪華な設備の船、歴史に翻弄され数奇な運命をたどった船舶まで。長いあいだ日本の輸送を担い続けている旅客船の、進化と発展の過程がわかるだろう。

航路を担うのは、船であり、人である。そこには歴史があり、物語がある。それを最も強く実感できるのは、やはり船の上である。本書で航路や船についての知識をより深め、船旅をさらに楽しいものにしていただけたら幸いだ。

風来堂

【目次】

第3章 施設・設備がすごすぎる船舶

第4章　歴史ある客船・航路の謎

第5章 国境越えの衝撃航路

第6章 航路・旅客船おもしろ雑学

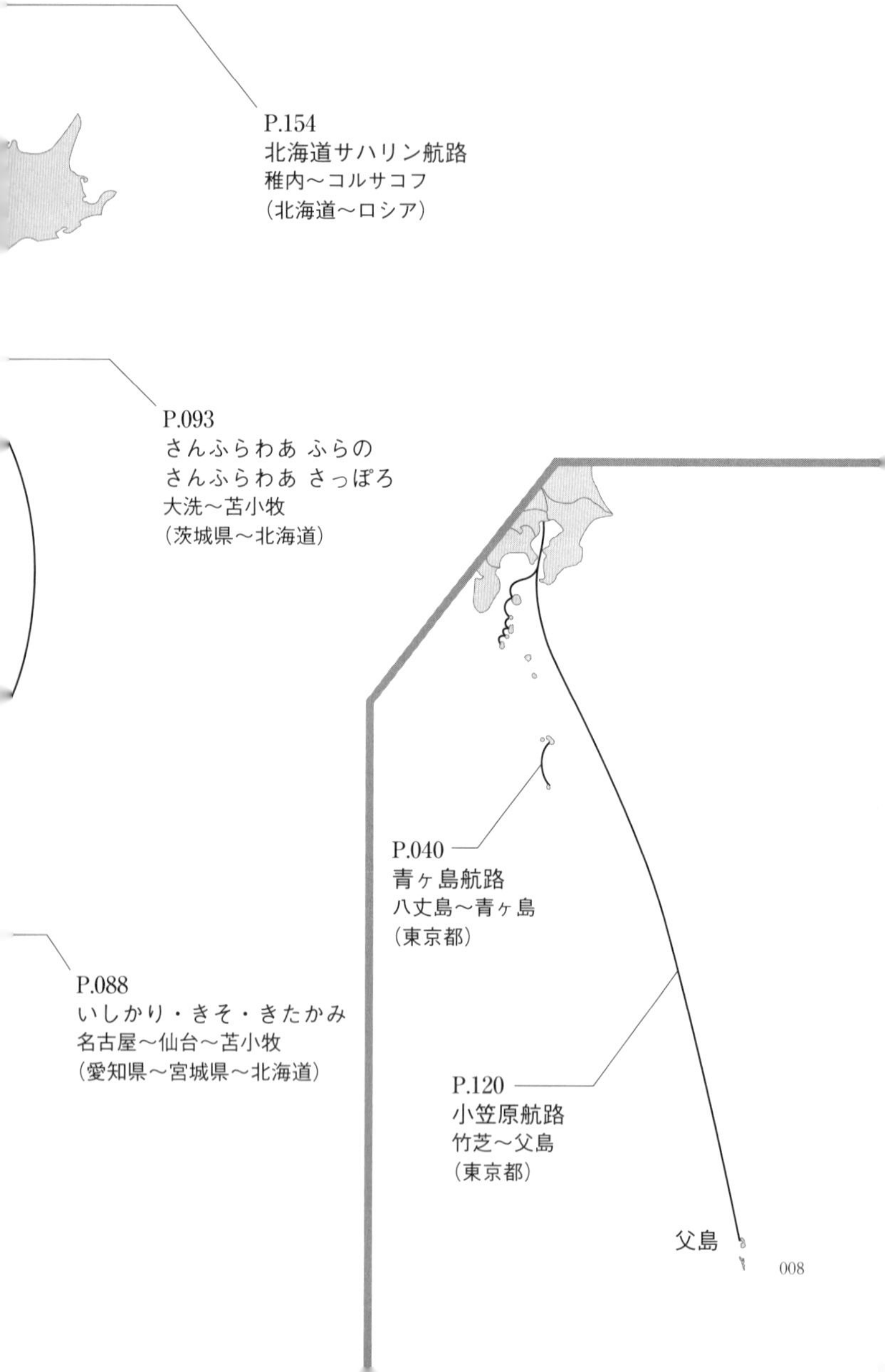
P.154
北海道サハリン航路
稚内～コルサコフ
(北海道～ロシア)
P.093
さんふらわあ ふらの
さんふらわあ さっぽろ
大洗～苫小牧
(茨城県～北海道)
P.040
青ヶ島航路
八丈島～青ヶ島
(東京都)
P.088
いしかり・きそ・きたかみ
名古屋～仙台～苫小牧
(愛知県～宮城県～北海道)
P.120
小笠原航路
竹芝～父島
(東京都)
父島

●本書で紹介している現役航路（東日本）

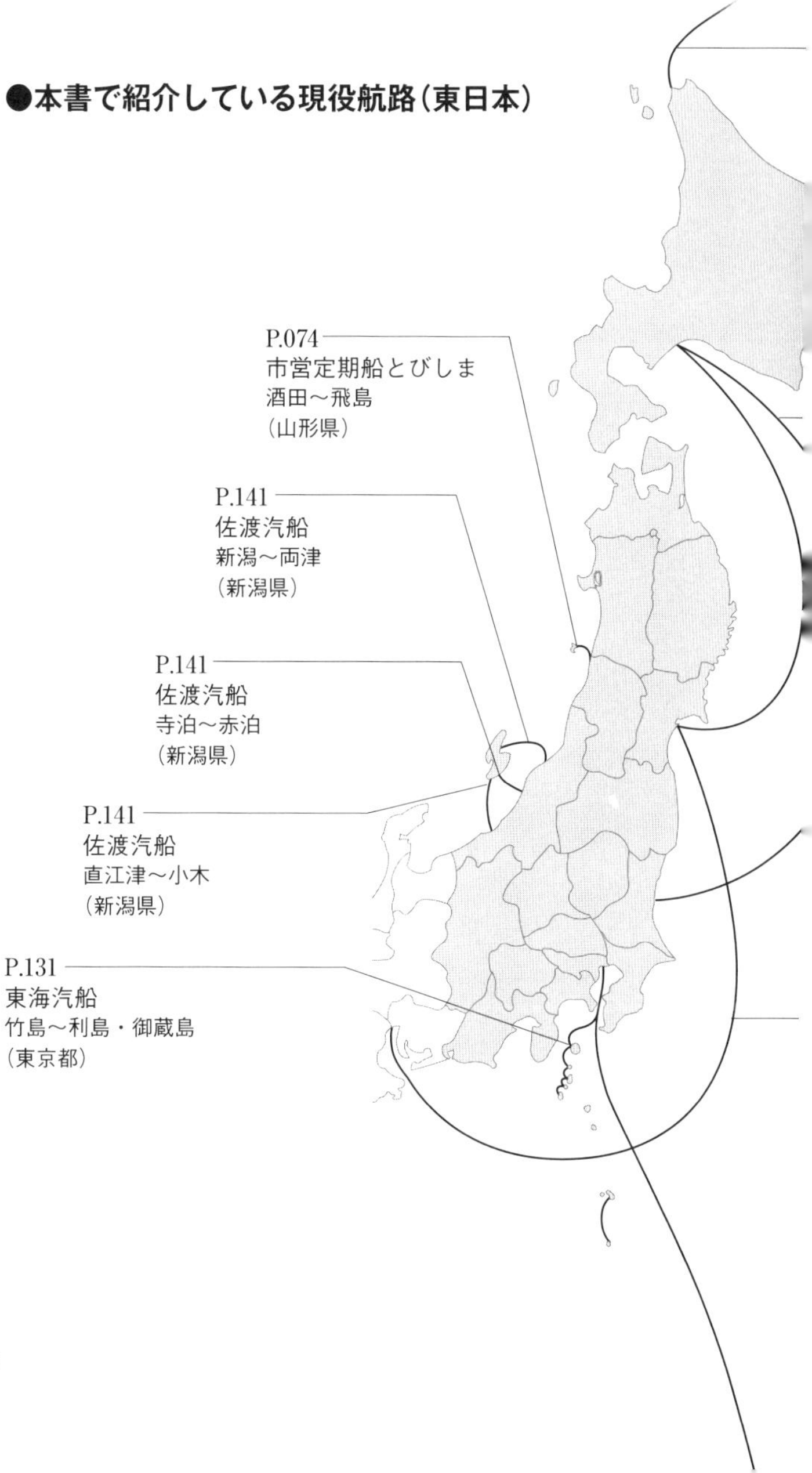

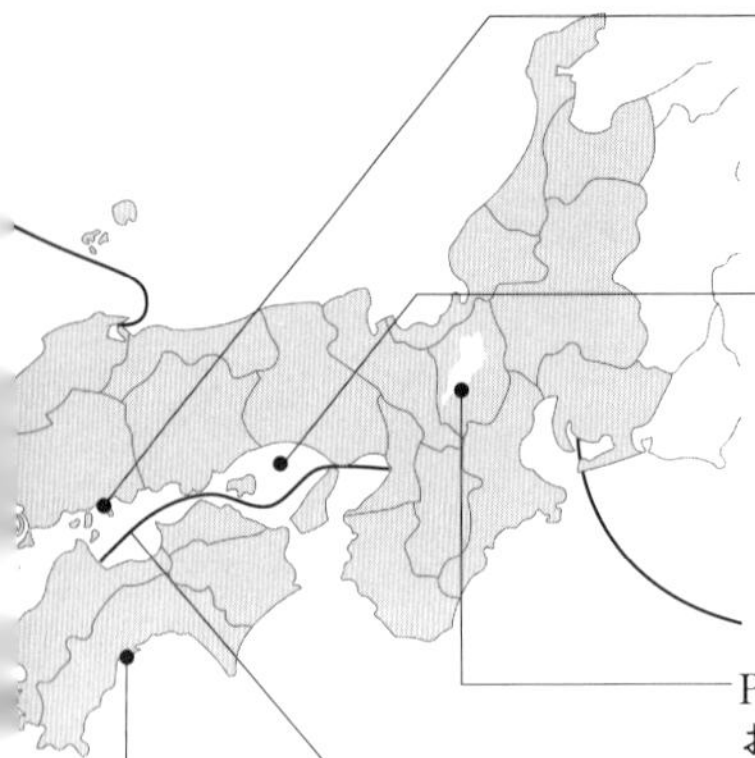

P.053
尾道渡船・福本渡船・尾道駅前渡船
尾道～向島
（広島県）

P.083
家島諸島航路
姫路～家島諸島
（兵庫県）

P.044
おきしま通船
堀切～沖島
（滋賀県）

P.099
おれんじえひめ
東予～大阪南
（愛媛県～大阪府）

P.070
須崎市営巡航船
埋立～坂内
（高知県）

P.048
フェリーとしま２
鹿児島～十島～名瀬
（鹿児島県）

P.104
フェリーだいとう
那覇～大東諸島
（沖縄県）

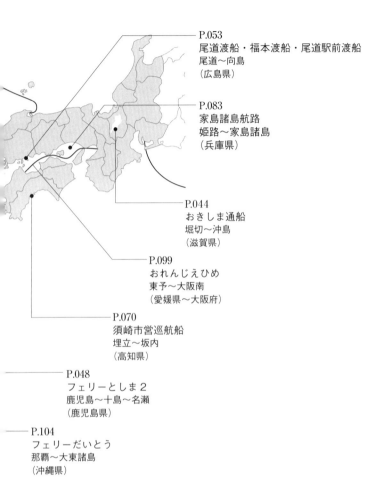

●本書で紹介している現役航路（西日本）

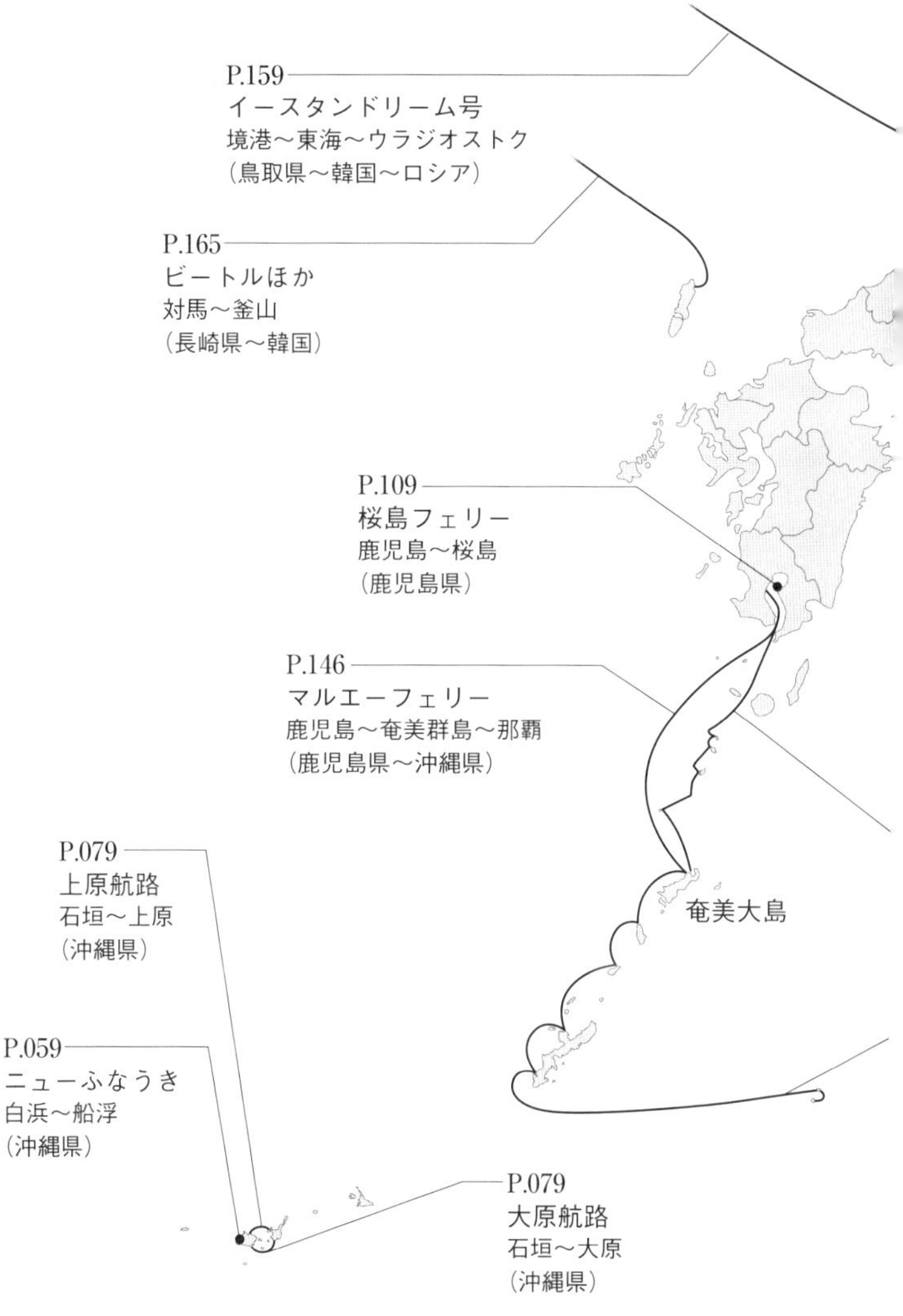
P.159
イースタンドリーム号
境港～東海～ウラジオストク
（鳥取県～韓国～ロシア）
P.165
ビートルほか
対馬～釜山
（長崎県～韓国）
P.109
桜島フェリー
鹿児島～桜島
（鹿児島県）
P.146
マルエーフェリー
鹿児島～奄美群島～那覇
（鹿児島県～沖縄県）
奄美大島
P.079
上原航路
石垣～上原
（沖縄県）
P.059
ニューふなうき
白浜～船浮
（沖縄県）
P.079
大原航路
石垣～大原
（沖縄県）

装丁／杉本欣右
本文レイアウト／コンポーズ（濱井信作）
アイコン・イラスト／コンポーズ（山﨑かおる）
編集／風来堂（今田 洋・稲葉美映子
髙橋美茶・平野貴大・今田 壮）
本文／青栁智規・池口英司・石川大輔
加藤桐子・カベルナリア吉田・徳重隼也
戸田恭子・友田末那子

第1章

航路・旅客船の基礎知識

船にはどんなタイプがある？ 用途や速度による船舶の分類

船の起源をたどると紀元前4000年ごろまで遡り、運輸史とともに発展したという側面がある。近代になって鉄道網が発達し、飛行機が登場するまでは、旅客と貨物を運ぶ「貨客船」が活躍していた。その後、大量輸送と効率化を目指して、運搬物に応じた専用化が加速。商船は大きく、貨物船と旅客船の2種類に分けられた。旅客船をさらに用途で分けると、定期航路に就航する定期客船、船旅そのものを目的とする観光遊覧船となる。

日本の定期航路で運行する定期客船で、主に活躍しているのは、「高速旅客船」だ。高速旅客船の定義は一般的に、速力22ノット以上の船のこと。日本では、小島の多い瀬戸内地方や九州北西部で、高速旅客船が住民の足となっている。

また「ジェットフォイル」を代表とする水中翼船も、定期航路でよく見られる。これはウォータージェットで前進し、船体に付けられた翼で発生する揚力によって、海面上を飛ぶようにして走る船だ。水面に浮かんでいるのではないため、波の影響を受けにくい。

JR 九州高速船が運航するジェットフォイル「ビートル」

日本でいう「フェリー」とは、多くはカーフェリーのことで、旅客とともに乗用車やトラックなどを運べる船を指す。輸送距離によっておおまかに分類され、貨物輸送の比率が高い輸送距離300km以上の長距離フェリー、瀬戸内地方や津軽海峡を渡す100km～300kmの中距離フェリー、湾内や離島を航行し、生活物資の輸送や住民の移動手段に活用される短距離フェリーの3種類となっている。

観光遊覧船の代表的な存在は、クルーズ客船だ。大きさは数千トンから、10万～20万トン級の巨大船までさまざま。豪華なクルーズ客船ともなれば、船内施設は高級ホテルに勝るとも劣らない。スポーツジム、シアターな

◆用途による船の分類（一例）

- 商船
  - 旅客船 ―― 定期客船・遊覧船・クルーズ客船
  - 貨客船 ―― カーフェリー
  - 貨物船 ―― 一般貨物船・コンテナ船・タンカーなど
- 漁船 ―― 漁猟船、運搬船など
- 特殊船 ―― 作業船、調査船など
- 軍艦 ―― 自衛艦を含む

ど多彩な娯楽施設が揃い、長旅でも退屈しないよう、演出がなされているのだ。現在、こうしたクルーズは世界的に人気が高い。産業規模は数兆円に及ぶと言われ、年間1800万人以上が利用しているという。日本を代表するクルーズ船といえば、「飛鳥Ⅱ」や「にっぽん丸」などがある。

そのほかの遊覧船は、日本でいえば東京湾や大阪湾といった湾内クルーズ、芦ノ湖などの湖遊覧、鳴門の渦潮を観覧する鳴門海峡周遊といったものが有名。短距離の航路が多く、同一の港を発着する場合もよく見られる。クルーズ船も含め、移動を主たる目的としていない点が定期客船と決定的に異なるといえるだろう。

限られた海域で海流を正確に読む！航路設定と測位で運航効率アップ

世界の海洋面積は約３億６０００万㎢にも及び、地球表面の実に約70％を占める。船はこの広大な海を行き来しているのだが、実際に定期航路が設けられている海洋の面積は、そのうちわずか５％ほど。海は地球の大部分を占めてはいるものの、暗礁（水面下の岩礁）があったり、危険な潮流だったり、季節によって海象（海で発生する自然現象）が変化したりと、船が運航できる海域は限られてしまう。日本から遠洋に出る航路は約30あるとされるが、国家間の政治情勢などの影響を受けることも多く、常に変動している。

海流に乗ることで輸送効率を上げる

航路の選択にはさまざまな要素を考える必要があるが、なかでも重要なのが「海流」だ。地球規模で起こる海水の流れを指し、日本近海でいえば黒潮（日本海流）と親潮（千島海

◆日本の主な海流

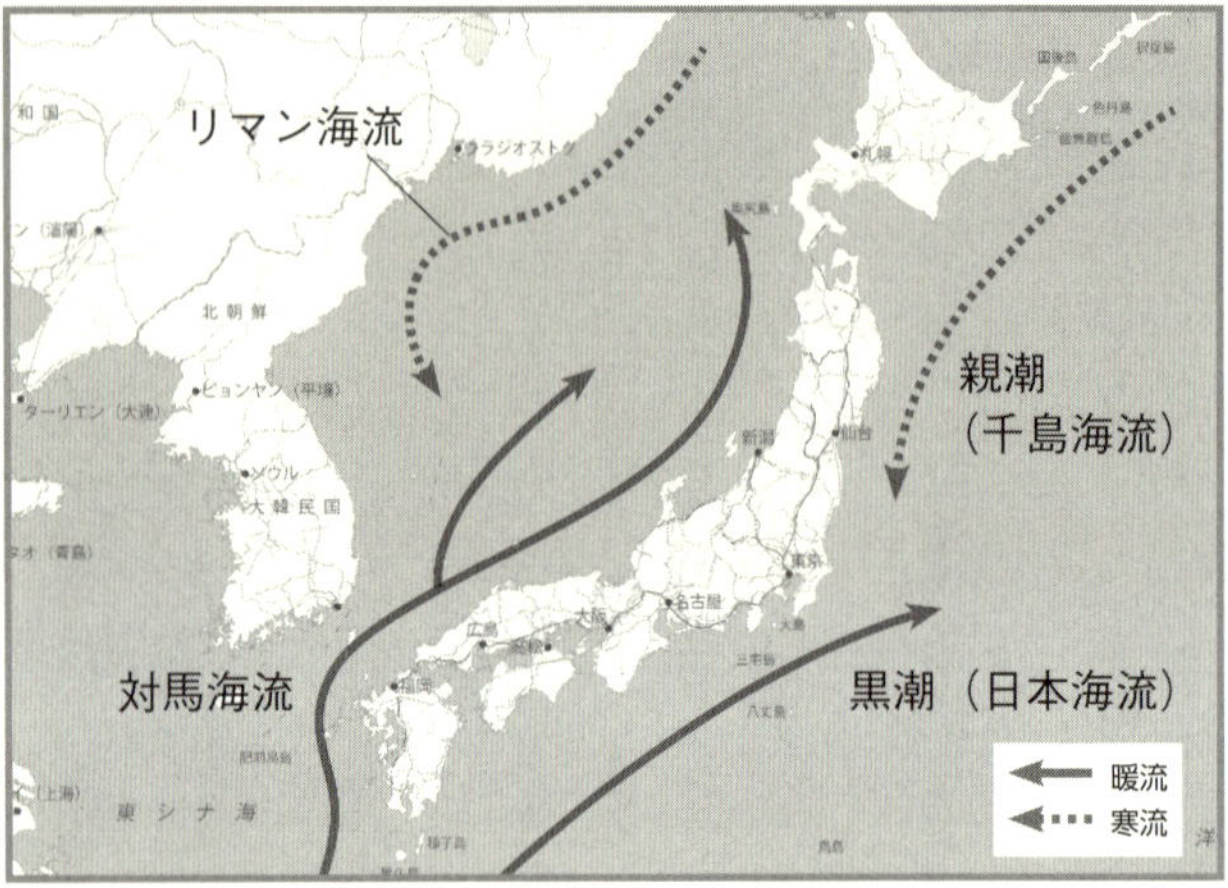

流）が知られる。海流は温度などの性質により、暖流と寒流の2つに分けられる。北太平洋には、北太平洋海流、北赤道海流、カリフォルニア海流などがあり、時計回りで海流の環を形成している。一方、南半球では、南赤道海流、ペルー海流、東オーストラリア海流などがあり、連動して反時計回りに流れている。

海流の速さは、通常であれば1ノット（時速1・852㎞）程度。速くても5ノットを超えることはまずない。ずいぶんゆったりとした流れに思えるが、実は長距離を航行する船にはこの海流が大きく影響するのだ。海流にうまく乗れれば船は大幅にスピードアップでき、運航効率は格段に高まる。航海におい

◆世界の主な海流

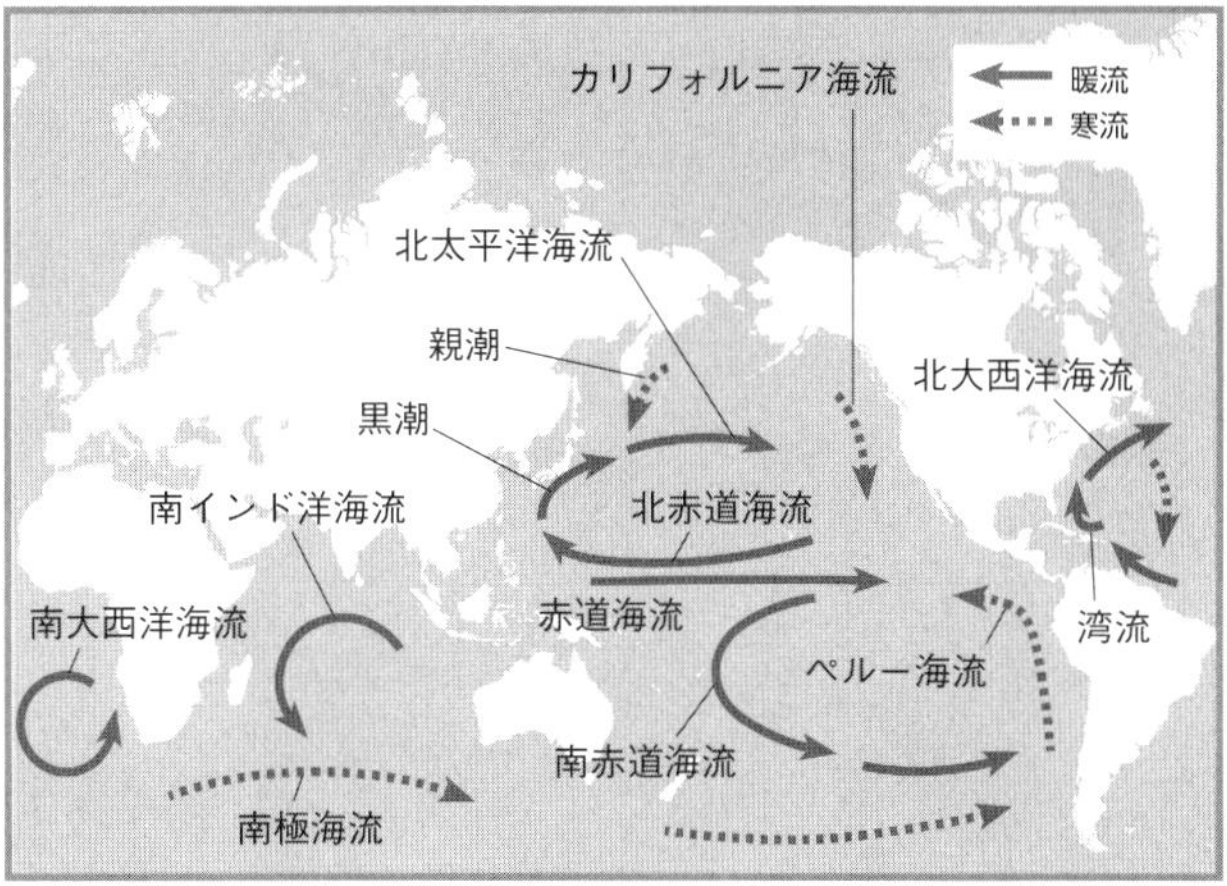

ては、海流を確実に捉えることが重要だ。

また、確実に目的地へ到達するには、自船の位置を正確に把握せねばならない。位置を測ることを「測位」といい、かつては星などを目標物として計測していた。現代ではハイテク化が進み、人工衛星の電波を使ったGPSが用いられているが、乗組員はそれに加え、複数の測位技術を併用して自船の位置を割り出している。

地球表面の物標などを観測して位置を求める方法を「地文航法」といい、そのなかでも岬や灯台などの地上物標を利用する「沿岸航法」と、正確な船の位置を初期値として針路と走行距離から現在地を計算する「推測航法」がある。

短長それぞれ国内フェリー航路の最新事情

国内のフェリー航路では、運航会社がその海域の気象状況や潮流などの特性に応じて、「基準航路」と呼ばれる運航ルートを設定している。さらに、その時々の状況によって選択できるよう、基準航路は複数設定されていることが多い。

フェリーには、沿岸の主要都市を結ぶ航路から島と島の間を結ぶ短距離航路まで、さまざまな長さの航路があるが、その長短の基準は具体的に定められてはおらず、扱いにも差はない。

公的な文書で定められたものはないが、距離に関してのおおまかな基準は存在する。中・長距離フェリーを運航する船会社を会員として運営されている、日本長距離フェリー協会による定義だ。「片道300km以上のものが長距離フェリー」としており、多くの船会社もこれにならっている。

日本に長距離フェリー航路が誕生したのは、今から50年前の1968(昭和43)年のことだ。兵庫県の神戸と福岡県の小倉を結ぶ阪九フェリーにより、長距離フェリーの歴史の幕が上がった。

その後1970年代に入ると、関西と四国・九州を結ぶ瀬戸内海航路、関西と北海道をつなぐ日本海航路、関東から関西および九州や北海道をつなぐ航路など、長距離航路が次々と生まれ、長距離フェリー全盛期に突入するかに見えた。しかしその後は、新幹線網の発達や高速道路網の整備などにより、移動時間の短縮が争点となる。時代が下るにつれて陸上交通はより速く、より安くなっていき、長距離フェリーは勢いを落としていった。航空機の発達も、原因の1つといえるだろう。貨物輸送は大量の荷物を一度に運べるという優位性により一定の需要を保っているが、旅客輸送は現在も厳しい状況にあり、航路の廃止なども相次いでいる。

しかしそれでも、2018（平成30）年時点で、日本には全国20のフェリーターミナルを起点として、14航路に35隻の長距離フェリーが就航している。中・短距離を合わせればさらに多い。

300km未満の中・短距離航路となると、総トン数1万トンに満たないフェリーも多く、さらに運航距離100km前後だと、500～1000トンほどの船も珍しくはない。中・短距離航路は、他に交通手段のない地域間の連絡航路としての役目を果たし、地域の重要な生活航路となっていることも多い。

港での着岸から外洋航行までハイテク機器が船員をアシスト！

船を操縦する「操船」においては、「面舵一杯」や「取舵一杯」といった号令が代表的だ。これらは「操舵号令」といって、面舵は進行方向に対して右、取舵は同じく左に舵を切る指示を指している。

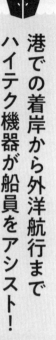

舵を取り、船の方向性を決めることを「操舵」といい、操舵手が操るコントローラーを「舵輪」と呼ぶ。15～17世紀の大航海時代の帆船では、舵輪は直径が2ｍほどもあり、すべて人力で動かしていた。

現代でも操舵に人間の力は必要不可欠だが、舵輪自体の小型化が進み、油圧ポンプの作用で楽に操舵できるなど、操作性は大幅に向上している。近年、操船技術はハイテク化され、コンピューターが船員をサポートする仕組みが一般化した。見晴らしの良い船内最上階に設けられた船の司令塔・船橋（ブリッジ）は、操縦装置、船の主機などを制御して車のアクセルに相当するリモートコントロール装置、船の位置を捕捉する測位システム、海図などさまざまな航海情報を表示する電子海図表示システム、船の周りの障害物を探知するレーダーなど、操船に必要なあらゆる最新機器が揃っており、船員をサポートしてくれるのだ。

最難関の着岸はジョイスティックで

近年の船の操縦においては、オートパイロット（自動操舵装置）の普及が著しい。オートパイロットの役割は、船を一定の方向に自動的に走らせることにある。実は、船は風や波、潮流などの影響を受けやすく、舵をまっすぐにしていても直進することは難しい。そこで、まっすぐ進むためには常に舵を切りながら微調整する、「当て舵」という操作を行わねばならない。オートパイロットは自動で当て舵を行い、設定した針路を常に維持することができる。操舵手（舵を取る船員）の負担を減らしながら、安全に航行するための画期的な技術だ。

そして船が港に近づくと、いよいよ着岸である。操船は低速時の方が難しく、低速だと船の推進力を生むプロペラの回転が落ちるため、それにより生まれる水流も弱くなる。船

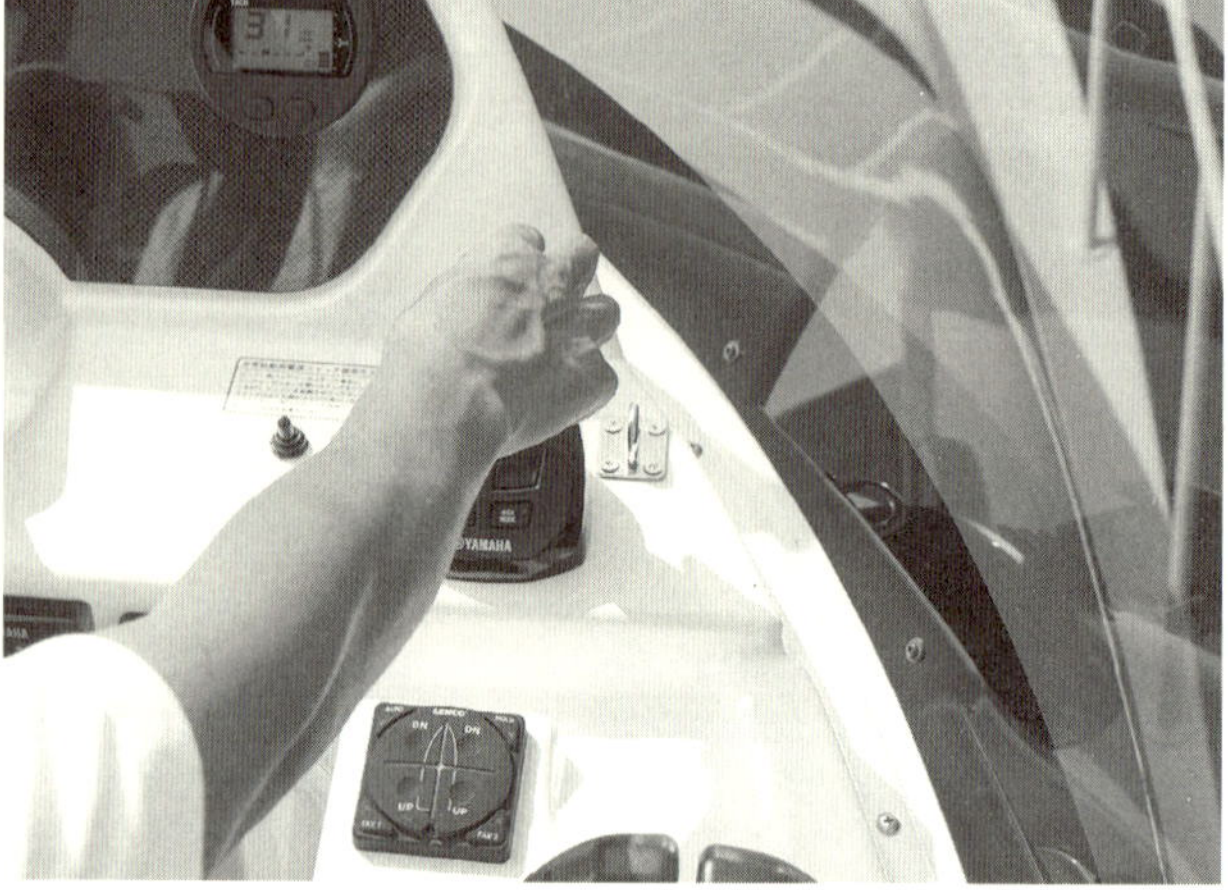
ジョイスティックで前後進、横移動などを制御できる操縦装置（ボート用）

は船底の舵板で水流の方向を変えることで進行方向を操るため、低速だと舵が利きにくくなってしまうのだ。

そんな着岸の場面で活躍するのが「ジョイスティックシステム」。ゲーム機のようなレバーを操作するだけで、船を繊細かつスムーズに操れる。本来、着岸時はプロペラ操作と舵取り以外に、サイド・スラスター（船を横に進ませるため船体側面に付けられたプロペラ）などを個別に操作せねばならず、作業が非常にち密になる。ジョイスティックは、これらの作業を一括し、着岸操作を劇的に単純化させた。

現在は、これらの各種航海装置を1つのシステムに統合し、より簡便化した「インテグレイテッド・ブリッジ・システム（統合型ブリッジ）」も登場している。船員の作業負担軽減と安全性能向上を両立するため、操船技術は日々、進化しているのだ。

操舵技術を駆使して時化を突破

航海中は常に天気に恵まれているわけではない。風雨によって海が荒れることを「時《し》化《け》」という。運航距離が短い沿岸航路などでは荒天時の運航を中止することがあるが、長期間の航海をする船はスケジュール通りに運航せねばならず、場合によっては荒天の中を航海する必要も出てくる。

時化に見舞われると、さまざまな危険がつきまとう。最も恐ろしいのは、転覆だ。波で船が横に煽られ、激しい揺れでバランスを崩してひっくり返ってしまう。また、前から受ける激しい波が船首にせり上がってきて設備や機械類を破壊したり、ブリッジの窓を割ったりすることもある。

高波に持ち上げられた船体が海面に叩きつけられる「スラミング」も、衝撃が大きければ船首が折れるなどの事故につながる。さらには、波に持ち上げられた船尾のプロペラが空中に出て空転すると、エンジンが停止してしまうこともある。航行に支障が出る重大な損傷が発生することもあれば、最悪の場合、乗組員や乗客の命が危険にさらされる恐れもあるのが、荒天時の航海なのである。

当然ながら、荒天は避けて航行することが望ましい。だが、海の天気は変わりやすく、すべての荒天を回避できるとは限らない。そこで、荒天時の航行に備えた操船法もしっかりと用意されている。

荒天時の操船法の1つが「踟躊《ちちゅう》法」だ。船首を波に向けて操舵力を保持し、最小の速力で前進する。もう1つが「順走法」。波を斜め後ろから受け、波に追われるようにして航行する。そして「漂蹰《ひょうちゅう》法」は、機関を停止して船を波に任せ、漂流状態にして時化の収まりを待つ方法だ。航海中の船は、荒天のレベルや船の状態に合わせて、これらの操船法を使い分ける。

航行時だけでなく、港内で停泊中でも、荒天時には特別な措置が取られることがある。台風などで海が荒れ、船が岸壁に接触する恐れがある場合などは、港の外で停泊するよう指示される。

海上で停泊するときには「錨泊《びょうはく》」といって、錨（アンカー）を下ろして、海底との抵抗

◆４つの錨泊方法

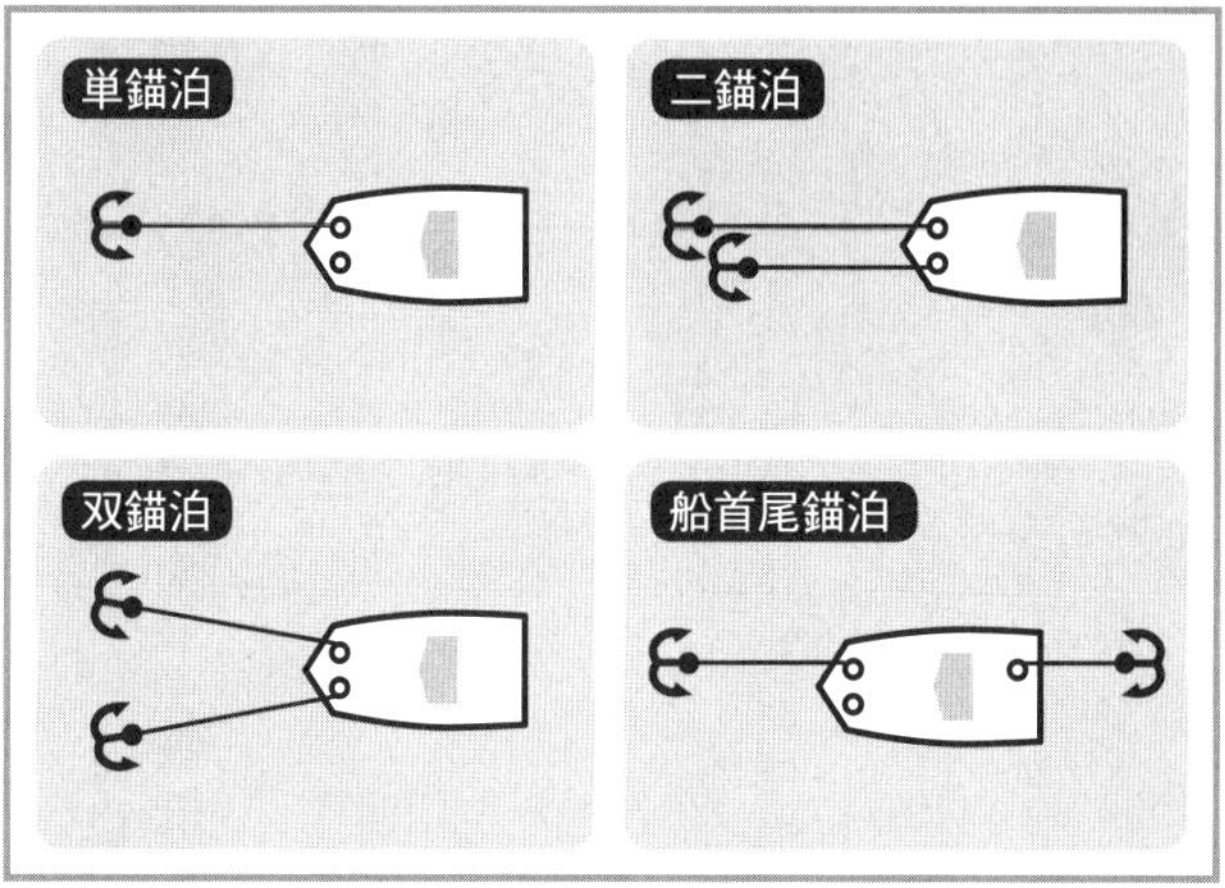

力によりその場にとどまる。大型タンカーの錨は重さ50トン以上にもなり、船と錨をつなぐ鎖（アンカーチェーン）は約３００ｍ以上になる。

錨泊には４つの方法があり、状況に応じて適切な方法を選択する。一般的な方法が「単錨泊」で、船首の右か左の一方の錨を使用する錨泊だ。「二錨泊」は、船首の左右の錨を同方向に投じる方法で、強い風や強い流れを受ける場合に使われる。停泊地が狭い場合に有効なのが「双錨泊」で、船首の左右の錨を、距離を置いて投じる。同じく停泊地が狭いときに行われるのが「船首尾錨泊」で、船首と船尾の錨を同時に使用する。中型や小型船でよく見られる方法である。

大型船は幅700mを通過厳守!!
衝突を回避する海の交通ルール

自動車に交通ルールがあるように、航海にも守らねばならない決まりがある。海上の交通ルールは全世界で共通で、さらに各国で定められた法律も適用される。日本の場合、「海上交通安全法」「海上衝突予防法」「港則法」の3つの海上交通法規がある。この「海上交通三法」と呼ばれる各法規を遵守することで、事故のない安全な航海が可能となるのだ。

このうち最も基本的なものは、国際統一されたルールを国内法化した海上衝突予防法だ。これによると、船は右側通航が原則とされている。そのため、2隻の船が正面から行き合う場合は、両船とも右に舵を切らねばならない。

もしも両船の針路が互いに横切るように交差する場合は、正面から行き合うケースと対処が少し異なる。相手の船が右舷に見える方の船が舵を右に切り、相手を避けねばならないのだ。逆に、相手の船が左舷に見えている船は、舵を切らずに直進し、速度も保持する必要がある。

◆船の交通ルール

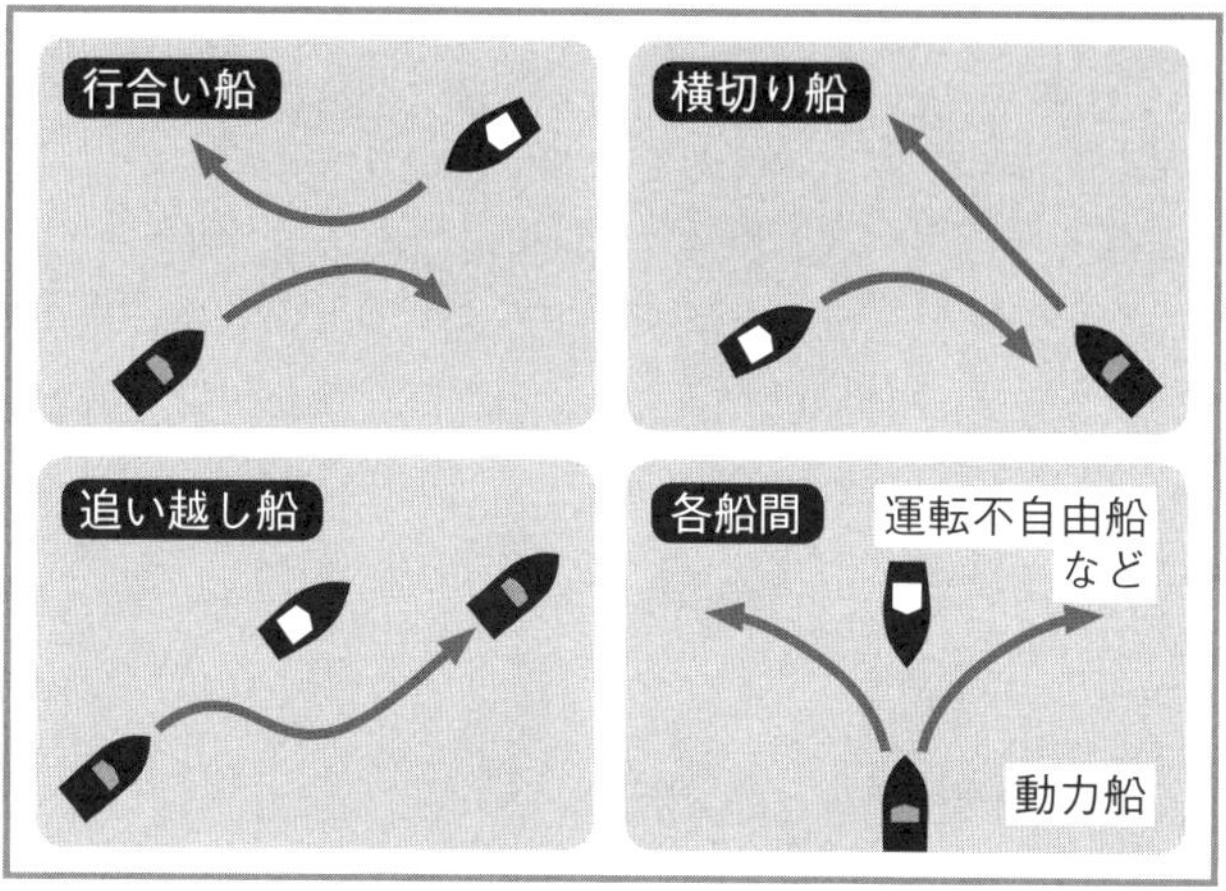

船はそれぞれ最高速力が異なるので、同一方向に進んでいると追い越しが発生する場合がある。追い越しの際にもルールが定められており、原則として追い越す側の船は、追い越した船から十分に遠ざかるまで、その船の針路に入ってはならない。自船が追い越し船かどうか確かめることができない場合でも、自船が追い越し船であると判断して、速やかに追い越しに関する規定の行動を取る。

国内最大の混雑海域 東京湾のルール

大小さまざまな船がひっきりなしに、しかもいろいろな方向に航行する東京湾。船舶の事故を防ぐため、湾内を航行する船には特別

◆東京湾の航路

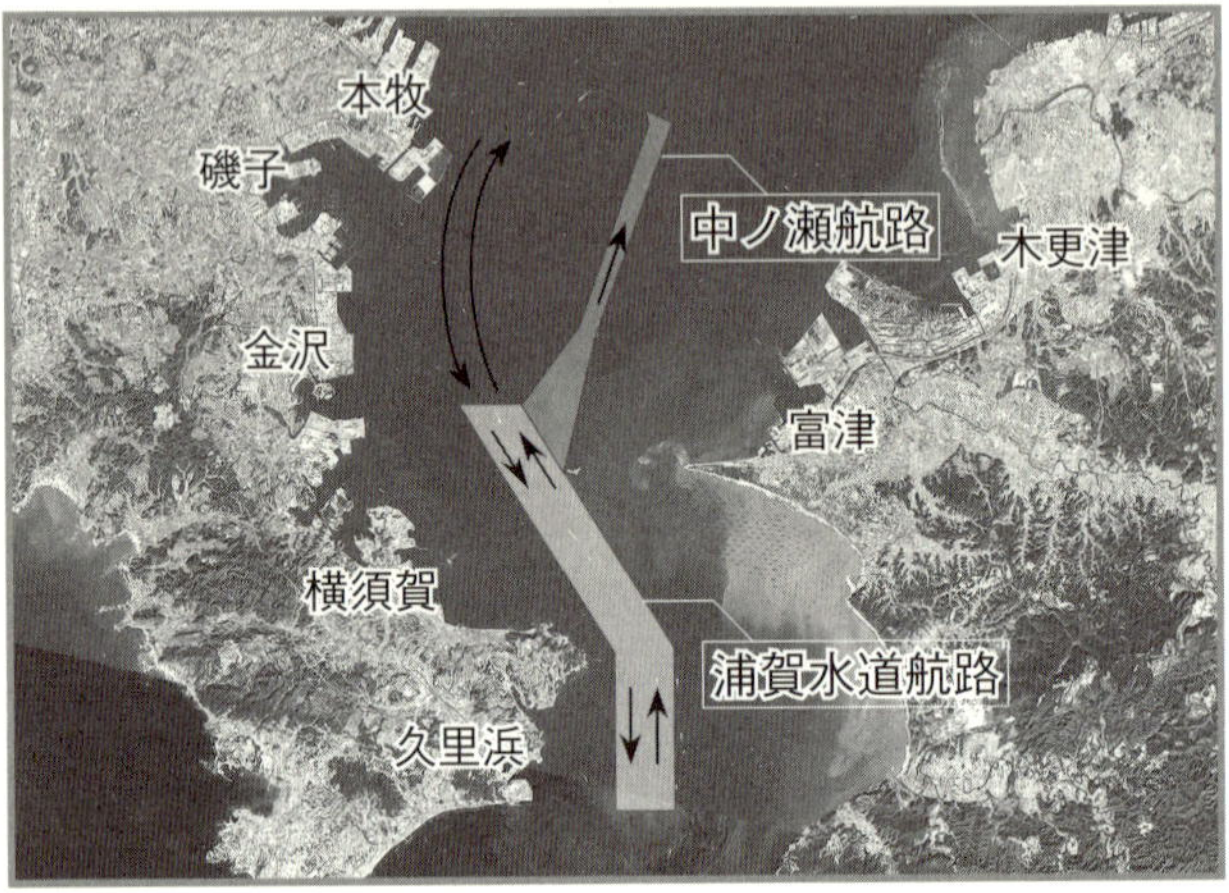

複雑な交通ルールが設けられている。湾の入り口付近には長さ約15㎞の浦賀水道航路、そこから少し入ったところに約10㎞の中ノ瀬航路が設定されていて、全長50ｍ以上の大型船は必ずこの航路の範囲内、かつ右側を航行しなければならない。幅はわずか700ｍほどで、目印として灯標が海上に設置されている。

小型船は航路内を航行する必要はないが、航路に入る場合はルールに従う必要がある。そのほか、この航路外を通航する際にも、小型船は大型船の通行を妨げないよう、「どこからどこへ向かう時はこの灯標を右（あるいは左）に見て進む」などというルールがいくつもあるのだ。

船がひっきりなしに出入りするスポット
港の安全を守るための厳密なルール

港では、出入航などで頻繁に船が往来する。混雑する港での安全確保と港内の整理を図る目的で作られた法律が、「港則法」だ。港則法の制定は1948（昭和23）年で、海上衝突予防法の特別法という位置付けで作られた。

港則法が適用される港は全国に500港以上あるが、このうち喫水（水面に浮く船の船底から水面までの距離）の深い船が入出航できる港、または外国船が常時出入りできる港を「特定港」として指定し、港長として任命された海上保安官の監督・責任のもと港則法が執行される。特定港には函館港や横須賀港、博多港、広島港など、日本全国で80港以上が指定されている。

同法では、港付近の航路上では他の船の針路を避けなければならず、また航路内で船同士が並列してはならないと定めている。港内でも右側通航が原則だ。一方、「航路上において他の船を追い越してはならない」という点が、他海域のルールと異なる。

◆特定港の一覧

北海道地方	根室、釧路、苫小牧、室蘭、函館、小樽、石狩湾、留萌、稚内
東北地方	青森、むつ小川原、八戸、釜石、石巻、仙台塩釜、秋田船川、酒田、相馬、小名浜
関東地方	日立、鹿島、木更津、千葉、京浜、横須賀
中部地方	直江津、新潟、両津、伏木富山、七尾、金沢、敦賀、福井、田子の浦、清水、三河、衣浦、名古屋
近畿地方	四日市、宮津、舞鶴、阪南、泉州、阪神、東播磨、姫路、田辺、和歌山下津
中国地方	境港、浜田、宇野、水島、福山、尾道糸崎、呉、広島、岩国、柳井、徳山下松、三田尻中関、宇部、萩
四国地方	徳島小松島、坂出、高松、松山、今治、新居浜、三島川之江、高知
九州地方	関門、博多、三池、唐津、伊万里、長崎、佐世保、厳原、八代、三角、大分、細島、鹿児島、喜入、名瀬、金武中城、那覇

さらに、防波堤入り口付近でも特殊なルールがある。例えば、防波堤付近では入航する船が防波堤の外に避け、出航する船の通過を待つ。加えて、防波堤などの人工物や停泊船の近くを通航する際は、人工物・停泊船を右舷に見て航行するときはできるだけ近寄り、左舷に見る場合はできるだけこれらから遠ざかって航行する。「右小回り、左大回り」が港内通航の原則なのだ。ちなみにこの場合の「できるだけ」とは、「自船の安全を確保しつつ可能な限り」という意味である。

また、港内は防波堤などの人工物や停泊船が多いため見通しが悪く、出会い頭の衝突の危険がある。そこで、早々に各船が視認し、時間的・距離的に余裕のある動作ができるよ

◆航路内での交通ルール

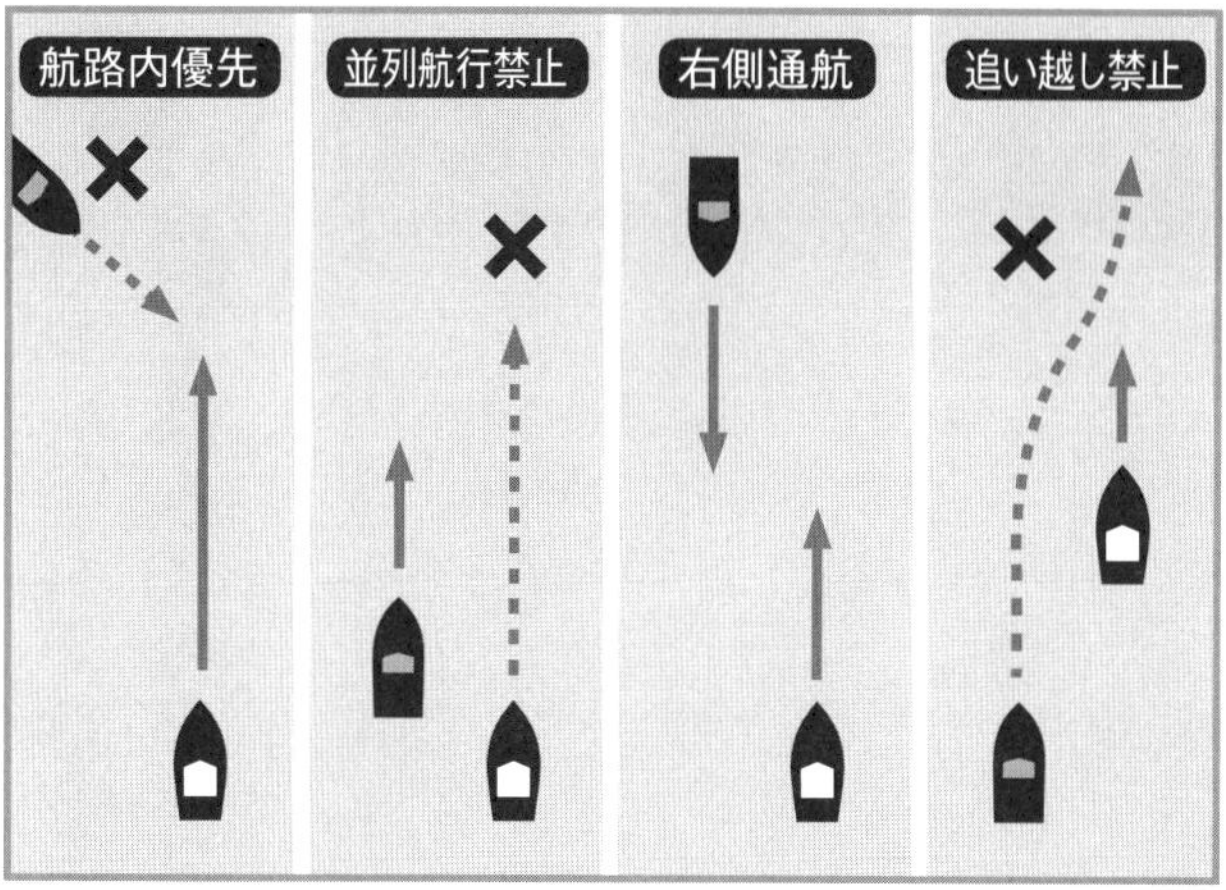

う努めることが重要だ。

港則法で定めているのは、航行に関することだけではない。係留や停泊についてもルールを設けている。自動車でも駐停車禁止区域があるように、港内でも、係留された船が他の船の妨げにならないよう、係留してはならない領域がある。

さらに速力も、他の船に危険を及ぼさない程度に抑えての通航が原則。ちなみに動力船ではなく帆船の場合、港内では帆を減じるか、曳船を使って航行することが義務付けられている。その他、みだりに汽笛やサイレンを鳴らすことの禁止、交通の妨げとなる漁業の禁止、強力な灯火の使用禁止など、細かいルールが規定されている。

チームワークで安全航海を実現 船を操るスペシャリストの役割あれこれ

船には、実際に操縦する乗組員もいれば、エンジンなど機関部の整備を担う乗組員もいる。それぞれのスペシャリストが集結することで、安全な航行が実現できる。

乗組員の最高責任者に位置するのが「船長」で、キャプテンとも呼ばれる。船内における船長の指揮権は絶対。秩序維持のための懲罰権や、公海上での死亡者を水葬する権限など、特別な権利が認められた船上社会の統率者だ。

船長以下の乗組員はひとまとめで「船員」と呼ばれ、仕事内容によって甲板部、機関部、事務部の3部門に分けられる。

甲板部は、船の運航や荷役に関わる業務を行う。例えば操船や、積み荷・海図の整理なども甲板部の仕事である。甲板部の責任者は一等航海士で、入出港時は船首から指示を出す。また、万一事故などで船長が役割を果たせなくなった場合は、一等航海士が代役として船の指揮を執る。そして以下、航海計器や海図の管理・整備を担う二等航海士、航海日誌や消耗品などの管理を主業務とする三等航海士がいる。

航海士を補佐するのが、甲板長、甲板手、甲板員などと呼ばれる部員（クルー）だ。このうち甲板長は一等航海士の補佐役で、他の甲板部員の指揮・監督も行う。航海中の船のメンテナンスも甲板部の仕事の1つなのだ。

船は出航すると24時間体制で航行するため、航海士は24時間を4時間ごとに区切って当直（ワッチ）に立つ。当直の航海士は、船長の代行者。船長が設定した運航コースに則り、安全航海のために見張りをする。

航海時以外にも活躍する裏方

機関部は、各機器類の点検・整備・修理を担う、いわゆるエンジニアである。機関士もやはり一等から三等まであり、各等級で担当する機関が異なる。機関部は航行中にとどまらず、停泊中も忙しい。シリンダー点検や排気弁・燃料噴射弁の交換など、エンジン停止中しかできない整備作業に追われている。

かつては機関部にも当直制があったが、近年は機関の状態を自動的にチェックする運転

◆船内の組織図（一例）

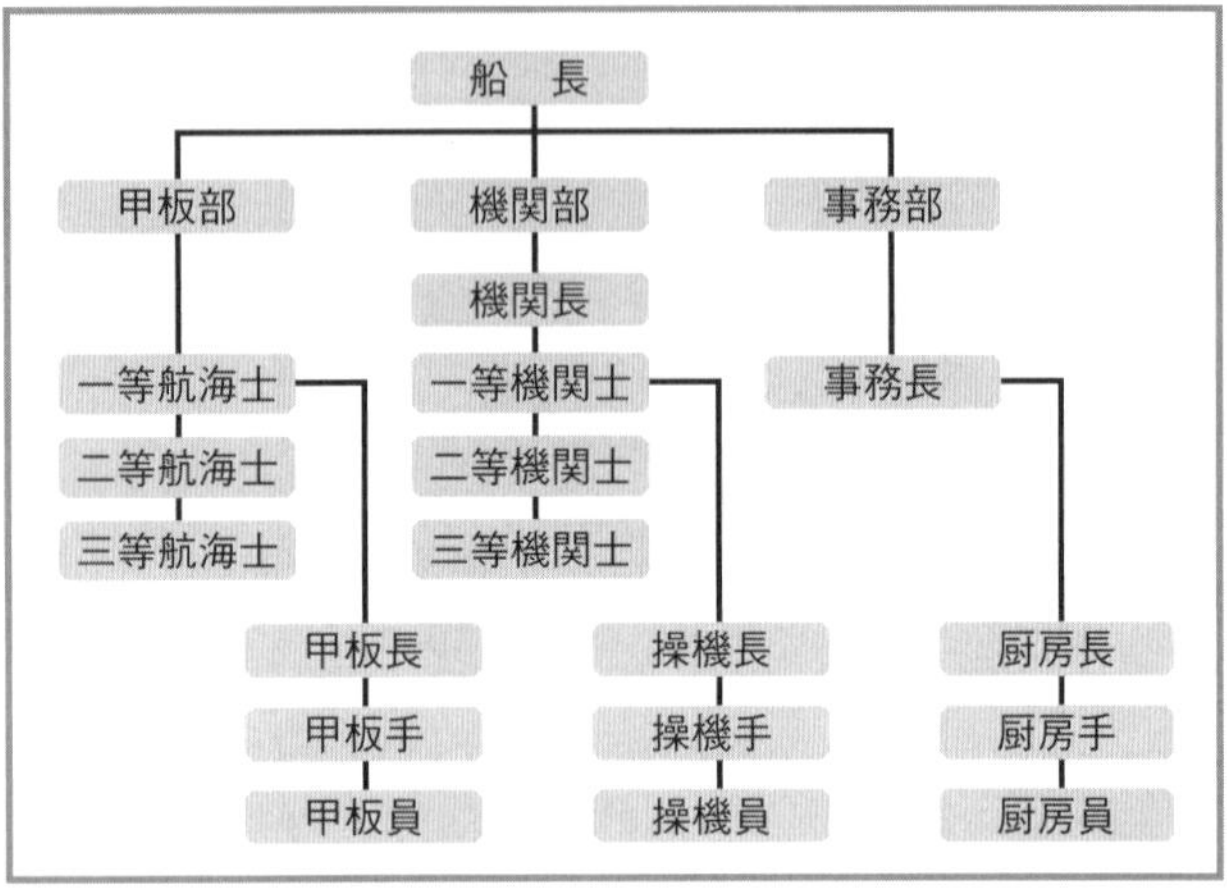

監視警報装置を備えた船が一般化し、夜間の無人化も可能になった。夜間当直なしの船は「Mゼロ」船と呼ばれ、機関部員の合理化が果たされている。

3つめの部門・事務部の仕事は多岐にわたる。事務作業の全般を担当するのは事務長（パーサー）だ。事務長は、出入港時の通関手続きや郵便物・書類の整備、給付食糧の清算、乗組員リストの作成など、あらゆる業務を手掛ける。ちなみにパーサーとは「パース（財布）」が由来。船内の会計事務がわかる人ということからそう呼ばれている。事務部ではこのほか、厨房を担当する司厨長および司厨手も属しているが、近年、両者は一等航海士の指揮下に入ることもある。

安全な出入港を守るための工夫 浮標を頼りに浅瀬を避ける！

船は必ず、港から出航して港に帰ってくる。船がホームタウンにする港を一般的に「母港」というが、実はこれは正式な船舶用語ではない。正式名称は「船籍港」といい、船の戸籍を意味している。そして船籍港のある国がその船の「船籍国」となり、基本的にその船には船籍国の法律が適用される（187ページ参照）。

港の役目は、貨物などの物流と、旅客の人流を支えることだ。だが、港が築かれる湾内や、港周辺の港内は陸地に近いこともあり、浅瀬など船の航行の支障となるエリアがあることが多い。出入港は最も緊張する場面でもあるのだ。

そこで港には、船が安全に停泊するための機能・施設が備わっている。その1つが、岸壁や桟橋などの係留施設。「ターミナル」と呼ばれる、貨物積載や旅客乗降を効率的に行うための施設だ。

ターミナルの設備は、旅客船やコンテナ船など、入港する船の種類によって異なる。旅客ターミナルには桟橋などの旅客乗降設備が、コンテナ船ターミナルにはコンテナを揚げ積みするガントリークレーンが、それぞれ設置されている。入国してくる客船が着くターミナルには、イミグレーションや税関も必要だ。

そして、港湾施設の一部で船が通航したり停泊したりするエリアを、「水域施設」という。水域内の波を防ぎ、静かな状態を維持するための防波堤などは「外郭施設」だ。また入港する船を安全に誘導する施設が「航行援助施設」。障害物や浅瀬の位置を知らせる浮《ぶ》標《い》などがこれに当たる。浮標がなければ、船が接岸のため港内に入ることは困難を極めるだろう。

浮標にもいくつかの種類があり、例えば灯光するものを「灯《とう》浮《ふ》標《ひょう》」という。浮標による航路標識は国際的ルールで定められている。例としては、安全な航路の中央に設置されるのが安全水域標識、障害物の付近に設置されるのが孤立障害標識など。船は浮標による指示を頼りに、港を目指す。一般的には沖がかり（沖合に停泊すること）用の施設がほとんどの港には備わっており、施設は係船浮標とドルフィンの2種類がある。係船浮標は、海底に大型浮標を係留したもの。独楽型や太鼓型などいくつかの形状がある。一方、ドルフィンは別名を係船杭といい、海底に大型の杭を打ち込んで作った施設となる。

第2章

オンリーワンのオドロキ航路

定期航路の開始は年2便から日本一の秘島ならではの苦難史

青ヶ島航路
八丈島ほか〜青ヶ島（東京都）

定期航路もあり定住者もいる場所で、日本一「たどりつけない」秘境はどこか——。それは間違いなく、青ヶ島だろう。都心から南へ約370kmの太平洋上、最も近い有人島である八丈島からも70km近く離れた「絶海の孤島」。「あおがしま丸」が毎週1〜2日ペースの運休日を除き毎日1便、八丈島との間を行き来しているが、年間平均の就航率は50〜60％。冬場は1週間近く欠航が続くこともある。

二重カルデラの火山島は、島の外周部は高さ100m超の断崖絶壁がグルリの「絶海の孤島」。入り江がなく落差も激しい海岸線は唯一無二の絶景なのだが、港を造るには最悪の条件。周辺は黒潮の流れも早い海域でもあるし、湿度が高く霧も発生しやすい。1965（昭和40）年には、濃霧のため定期船が島を見つけられず、通りすぎてしまったこともあった。青ヶ島へはヘリコプターでも渡れるが、こちらも濃霧による欠航も多く、座席数も9名のみ。船が最重要な公共交通手段なのは、昔も今も変わらない。

青ヶ島への定期航路が開かれたのは、1894（明治27）年のこと。都心や横浜と小笠原諸島を結ぶ定期船「マミノエ丸」が比較的海の穏やかな夏の時期に年2便、小笠原への定期船が立ち寄ることとなる。1911（明治44）年にようやく年3便が実現（うち1便は八丈島航路の延長として）。以後、次代が下るにつれて次第に便数は増えていった。

◆青ヶ島全図

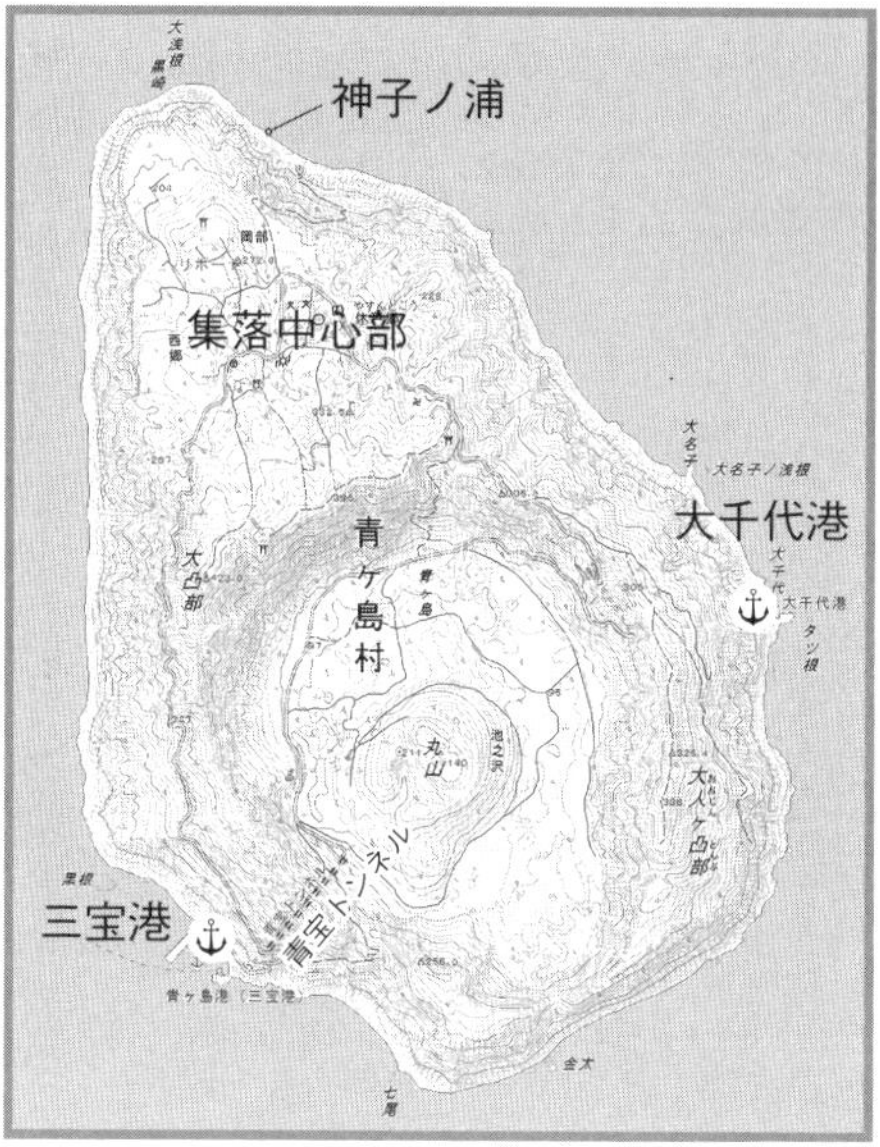

だが、すべては海況次第。欠航までいたらずとも、海が荒れれば滞在時間は短くなり、荷物の積み下ろしも満足にできないこともあった。1913（大正2）年には、予定日の2日前に着島するという珍事も。「定期航路」とは名ばかりの不安定な状況は、昭和に入ってからも、太平洋戦争後も変わることはなかった。

安定運航の夢を託した新港建設だったが——

安定運航には本数増もさることながら、港の整備も欠かせない。現在も使用されている三宝港の建設が始まったのは、1932（昭和7）年頃のこと。それまでは港自体がなく、神子ノ浦という、背後に断崖絶壁が迫る小さな砂利浜が島の玄関口だった。小型のハシケに乗り換えての上陸には、相当の労力が必要だったことは想像に難くない。

三宝港の建設が始まったとはいっても、港らしい姿になるまでは数十年を要した。昭和30年代になってもまだ、巨岩がゴロゴロ転がる波打ち際に、コンクリの簡素な船着場があるだけ。ハシケも当然必要で、手漕ぎの櫓船でのハシケ船が役目を終えたのはなんと、1964（昭和39）年の7月。青ヶ島からハシケが完全に姿を消すのは、1972（昭和47）年の村営船「あおがしま丸」就航によってだった。

しかし、その後も青ヶ島航路の苦難は続く。1977（昭和52）年12月上旬〜1978（昭和53）年2月上旬にかけては実に2カ月連続の欠航。ダイヤ上はすでに月6便程度だったにも関わらず、だ。その前代未聞の欠航さなかの1978（昭和53）年1月下旬、大千代港の建設がスタートする。島の西岸に位置する三宝港に対し、大千代港は東岸にある。

現在の三宝港。背後のコンクリート擁壁が地形の険しさを物語る

大海上の孤島への接岸は風の影響を受けやすいが、東西それぞれにあれば臨機応変に対応できる。気象統計上、青ヶ島では西岸の方が風の影響を受けることが少ないこともわかっていた。

島民の期待を背負っていた大千代港は、着工8年後の1986（昭和61）年にようやく完成にいたる。

だが、この港の寿命は10年ともたなかった。1994（平成6）年に土砂崩れにより村道が崩落してしまう。実はこの翌年が、50mの船着場が完成予定で、実現していれば当時の定期船・還住丸が接岸可能となり、安定運航への大きな前進となったはずだった。

日本唯一の淡水湖の有人島定期船は意外にも平成生まれ

おきしま通船
堀切～沖島（滋賀県）

琵琶湖に有人島があることを知っている人は、滋賀県民以外でどのくらいいるだろうか。今も100世帯300人以上が暮らす小島・沖島は、平安時代末期の源平合戦期、12世紀半ばの保元・平治の乱に破れた源氏の一派が流れ着いたのが始まりという。

淡水湖にある有人島は、もちろん日本国内唯一で、世界的にも数えるほどしかないという。島内には自動車が1台も走っておらず、島民の交通手段はもっぱら三輪自転車。後部二輪の間にカゴがついたタイプで、路地の多い小さな漁村にはちょうどいい。駐輪中のサドルにはどれも四角い空き缶が逆さまにかぶせてある。これは、雨除けの工夫なのだとか。

公共交通機関がない時代はどうやって対岸へ？

対岸の堀切港からは、「おきしま通船」でわずか10分ほど。平日は12往復、日祝は10往

本土側の堀切港から望む沖島（右奥）。肉眼でもはっきり島の形がわかる

復と案外便数は多い。堀切港までは、近江八幡市街まではバスで約30分と少し距離があるが、港界隈に自家用車の駐車場を持つ島民も多く、島から通勤通学する人たちもいる。

驚くことに、この島への唯一の公共交通が開通したのは、時代が平成に入ってからのことだ。2001（平成13）年に1日4便が就航し、2009（平成21）年には倍の8便となった。戦前には一時、琵琶湖をゆく太湖汽船が立ち寄ったり、渡船が出ていたこともあったようだが、長らく公共交通機関は存在しなかった。

では島民たちはどうやって島外へ？　実は、沖島の人々は大半が漁師。琵琶湖の漁獲高の約半分は、この島で水揚げされるといわ

沖島港で給油中。数日に１度しか見られない貴重な光景だ

沖島港を発つ「おきしま通船」。漁港兼用の港には漁船もひしめいている

れるほど。自家用車ならぬ自家用船を持っており、移動手段には事欠かなかったのだ。その中で、荷物や郵便物などを代わりに運んだり、時には人を乗せてやったりする船もあった。おきしま通船の現船長も沖島の元漁師で、前者から引き継ぐ形で開業。「公共」交通のルーツをたどると、自家用船に行き着く。この点でも極めて珍しい航路といえる。

沖島には小さいながらも1軒、郵便局もあり、配達も毎日行われている。郵便局員が配達がある日は毎日、10時30分着の船で島へやって来る。1時間ほどかけて徒歩で配達を済ませ（なにしろ集落がひとつしかない）、郵便局での集荷を終えて12時15分発の船で島を去ってゆく。日本広しといえど、毎日船で配達や集荷を行うのは沖島ぐらいのものだろう。

長年、島で電気工事を担う職人さんや、沖島小学校の教員など、島に欠かせない人々のアシとしても、「おきしま通船」は利用されている。休日にふらっと訪れる観光客もちらほら。鮒寿司に代表される湖魚こそあれど、派手な観光資源があるわけでもない。だが、だからこその別世界が、日本一の湖に浮かぶ知られざる有人島・沖島には存在している。わずか10分ほどの湖上の航路は、島民の大切な生活の足でありながら、その橋渡しの役割も担っているといえる。

九州本土と7つの孤島を結ぶ 住民の生活に不可欠の村営船

フェリーとしま2

鹿児島〜十島〜名瀬
（鹿児島県）

鹿児島県の屋久島と奄美大島の間に浮かぶ、７つの有人島と５つの無人島からなるトカラ列島。十島村《としまむら》に属し、有人島の最北端に位置する口之島《くちのしま》から最南端の宝島まで、約１３０㎞もの距離がある。７島をすべて合わせても、人口は６８８人（２０１８（平成30）年3月末日現在）。最も人口が少ない島は「小宝島」で55人。日本で最も長い村でありながら、人口は実に少ない。

トカラ列島は霧島・屋久島火山帯に属している。中之島と諏訪之瀬島《すわのせじま》は活火山を有しており、今も噴煙を上げ続けている。火山のおかげで、平島《たいらじま》と宝島を除く有人島５島では温泉が自噴しており、島の人々の癒しとなっている。口之島から悪石島《あくせきじま》までは、周囲を断崖絶壁に囲まれ、起伏が激しく平坦地が少ない島々が続く。小宝島と宝島は、サンゴ礁が隆起してできた島。こうした地形であることからも、トカラ列島に空港を設け航空便を運行することは難しく、島々を結ぶ船便が活躍しているのである。

◆フェリーとしま2航路図（トカラ列島付近）

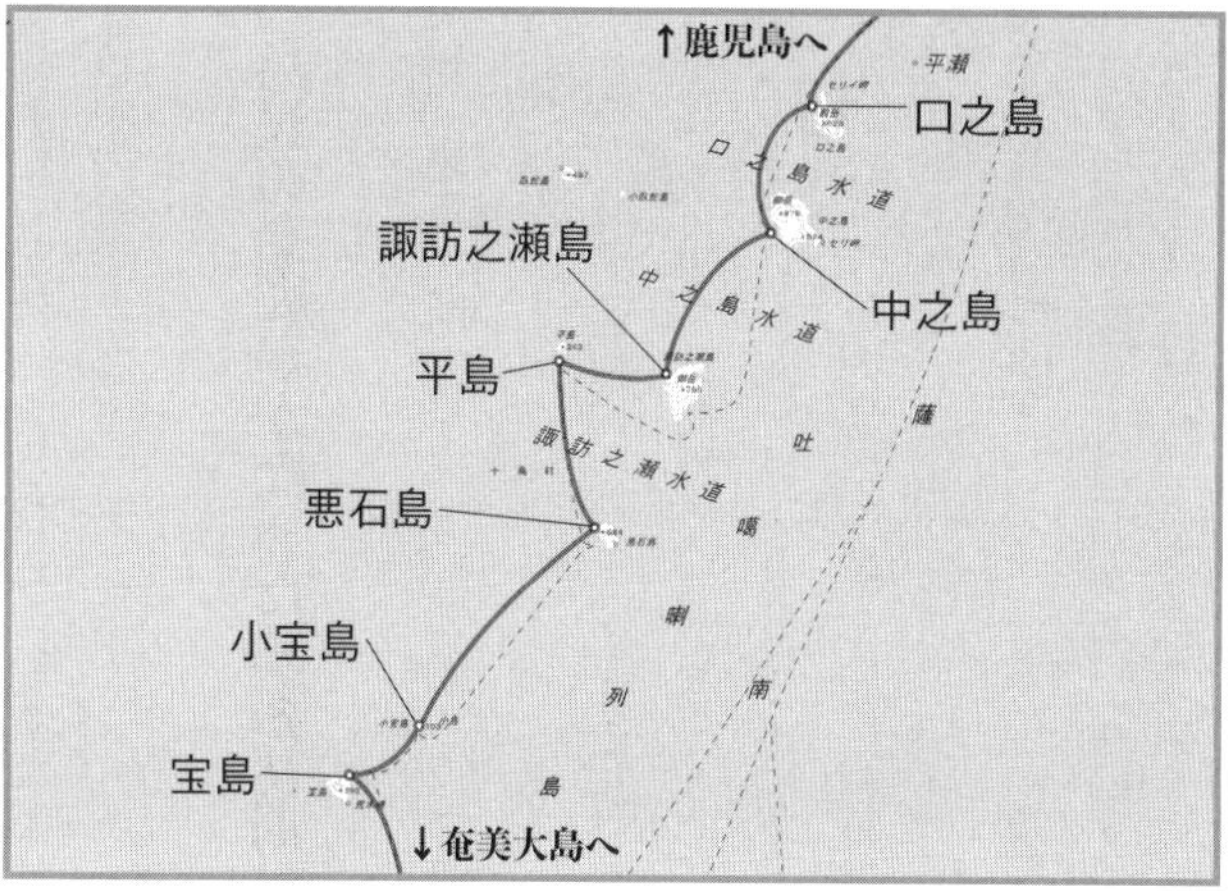

トカラ列島の間を結ぶ定期航路は、村営で運航されている。人だけでなく、食料や衣料、新聞、電化製品、建築資材など、島の人々の生活に必要なものすべてを運搬する。島の生活航路という性格が強く、加えてトカラ列島には目立った観光資源がないことから、鹿児島～名瀬《なぜ》～鹿児島の定期航路は島外の人々にとって知られざる航路となっているのだ。

フェリーは週2便の運航で、月曜と金曜の夜11時に鹿児島港を出航する（季節により増便あり）。翌朝5時には1つ目の島・口之島へ到着。そこから、約6時間半かけて中之島・諏訪之瀬島・平島・悪石島・小宝島・宝島と順に寄港していき、午後には奄美大島の名瀬港へと向かう。翌日の深夜2時に再び名瀬を出航した船は、今度は逆の順番で島に立ち寄り、夕方6時20分に鹿児島港へ到着。延べ3日間の航海となる。

島民の悲願がかなった昭和初期の初就航

現在、島々の間を結んでいる船「フェリーとしま2」は、8代目の船となる。2018(平成30)年4月にデビューしたばかりだ。総トン数1953t、全長93・47m、全幅15・8m、航海速力19ノット、旅客定員297人、先代の「フェリーとしま」よりもさらに大型化し、100名近く定員を増やしている。

初代の「としま丸」は1933(昭和8)年に村人の念願かなって、それまで定期航路のなかったトカラ列島に就航した。当時は月間4便程度の頻度で、その後戦争の影響を受けながらも現在まで運航を続けている。民間企業の参入はなく、住民の日常生活に必要不可欠な公共交通機関として、長年にわたり村営で運営されている。

トカラ列島で最も人口が多く、面積も大きい島である中之島には、航路開設記念碑が建っている。1933(昭和8)年の「としま丸」初就航に伴い建てられたこの碑には、離島にとって汽船は道と同じであるという意味の、「汽船も亦道路なり」との言葉が刻まれている。村営航路開設に尽力した当時の十島村村長・文園彰氏の名前も見られる。

健康診断も船で！　島民の生活のため船も大型化

8代目の定期船「フェリーとしま2」は、村の規模に対して大きすぎるようにも感じられる。しかし、「七島灘《しちとうなだ》」とも呼ばれるトカラ列島の難航路においては、この大きさの船がどうしても必要になってくるのだ。トカラ列島の周辺は黒潮の流れが速く、波も激しい。港を外海から隔てるのは防波堤ひとつだけのため、海が荒れると接岸も難しくなるのだ。

こうした海域では、荒波にも耐えうるような大型の船が必要となり、先代の「フェリーとしま」からは横揺れ減少装置のフィン・スタビライザーも搭載されている。また、島の日々の生活物資を運ぶ生命線でもあることから、コンテナや自動車など、より多くの貨物を積めることが重要であり、効率的に貨物を積み下ろしするための装備なども備えているのだ。

各島での貨物の積み下ろし作業は、島民自ら行う。船に専門の作業員がいないためで、

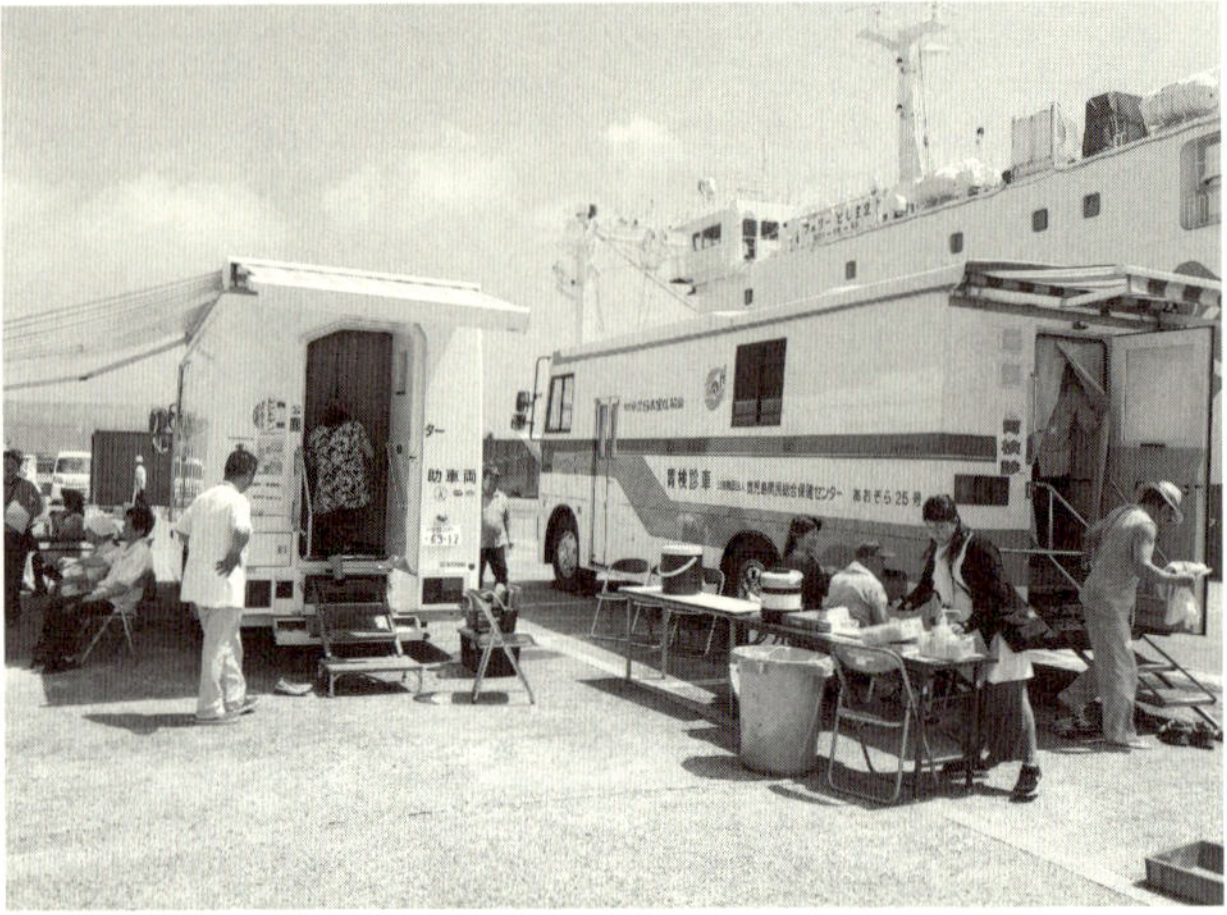

年に1度運航される「レントゲン便」。検診車を運び、港で健康診断をする

人口の少ない島では島民総出で、フォークリフトを運転して荷揚げしているという。

トカラ列島の各有人島には僻地診療所が置かれている。それぞれ看護師が1名常駐、中之島の診療所には赤十字病院から派遣された医師も常駐している。しかし、レントゲンなどはなく、設備は十分とはいえない。そのため、十島村では毎年5月に、島民のための健康診断便が運航される。

いつもは各島に10分程度しか停泊しないフェリーが、その日は1時間半~2時間ほど停泊して、島民の健康診断を行っていく。当然、各島の到着時刻もずれ込むため、健康診断1日目は口之島から悪石島まで、翌日に小宝島と宝島の健康診断を行うことになる。

尾道渡船・福本渡船
尾道駅前渡船
尾道～向島（広島県）

全盛期には同区間で12航路!!
日本一競合の激しい尾道の渡し船

広島県東部に位置する尾道市は、瀬戸内海の島々との交流が盛んな港町だ。旧市街地の対岸に浮かぶ向島《むかいしま》は、２００５（平成17）年３月に尾道市に編入され、市内の有人島の中で最も多い２万２３１１人（２０１５（平成27）年国勢調査）が暮らしている。尾道の旧市街地と向島とを隔てる東西に細長い川のような海峡は「尾道水道」で、古くから多くの渡船が運航されてきた。尾道水道を渡し船が行き交う様子は風情があり、眺めているだけで心が癒される。

尾道と向島とを結ぶ渡し船は、江戸時代末期から多く存在していたことが、古文書にも記されている。当時、渡し船は尾道と向島を行き来する人たちにとって唯一の乗り物であり、人や物資の輸送はもちろん、不審者を島内へ入れることを防ぐ警備的な側面もあったようだ。この時代、島民は無料だったため、「只の渡し」などとも呼ばれていたという。古くは、乗船料の代わりに利用者が船頭に野菜や果物を渡すなど、物々交換のようなこと

昭和20～40年代の尾道渡船の風景　写真：土本壽美

も行われ、おおらかに営業されていたようだ。それが明治時代になると有料化され、運賃が一文《いちもん》だったことから「一文渡し」と呼ばれるようになる。

時代と共に減少していった尾道の渡し船航路

さらに1922（大正11）年には、手漕ぎの船から発動機付きの船となり、ポッポーッとエンジン音を立てて運航していたことから「1銭ポッポ」の名で親しまれるようになった。

1924（大正13）年には、焼玉エンジンを搭載した4tの箱型船が建造され、スピードアップが実現する。渡し船は、戦前は尾道の新浜にあった青果市場に通う生産者の利用が多く、戦後は向島の造船所に勤める従業員の足として重宝されるようになった。自動車生産が拡大してくると、1953（昭和28）年には、自動車が乗れるカーフェリーが現れた。

　1960年代の全盛期には、尾道と向島を結ぶ渡し船はなんと12航路もあり、互いに競合していた。その後、今世紀の初めごろには6航路にまで減り、その後、1999（平成11）年の「しまなみ海道（西瀬戸自動車道）」の本州側の起点となる新尾道大橋の開通に伴い、渡船航路は再編され、2001（平成13）年以降は3航路を残すのみとなってしまった。

　利用者が減少して収入も次第に減っていくなか、燃料費や人件費などのほか、老朽化した船や桟橋の補修費などがかかること、また深刻な後継者不足も航路廃止の一因といわれている。

　現在、尾道〜向島間を運航している業者は、尾道駅前渡船（向島渡船）、福本渡船、尾道渡船。運航経路をはじめ、運行時間や料金なども少しずつ違い、それぞれに特徴がある。これらの船の魅力は何といっても、頻繁に運航されていて、気軽に利用できるところだろう。片道3分から5分程度と短く、〝日本一短い船の旅〟ともいわれ、のどかな雰囲気のプチクルージングが楽しめる。

尾道渡船の船舶「第一しまなみ」。自転車で乗り込むには運賃に加え別途10円が必要

スクリーンにもたびたび登場 3航路でそれぞれの違い

尾道駅前渡船は、尾道側の乗り場がJR尾道駅からわずか徒歩2分で、向島ではしまなみ海道のサイクリングロードの入口に着くため、利便性は抜群だ。映画『男たちのYAMATO』のロケセットを展示している、日立造船の門前まで直通している。ほかの渡船は乗り場に立つと、海峡越しに対岸の桟橋が見えるが、この航路は川へと入り込んでゆくため、乗り場からは対岸の船着き場は見えない。そのため航路の総距離は3つの中でいちばん長く、船上で過ごす時間も他よりも少し長くなる。

◆尾道の渡船3航路

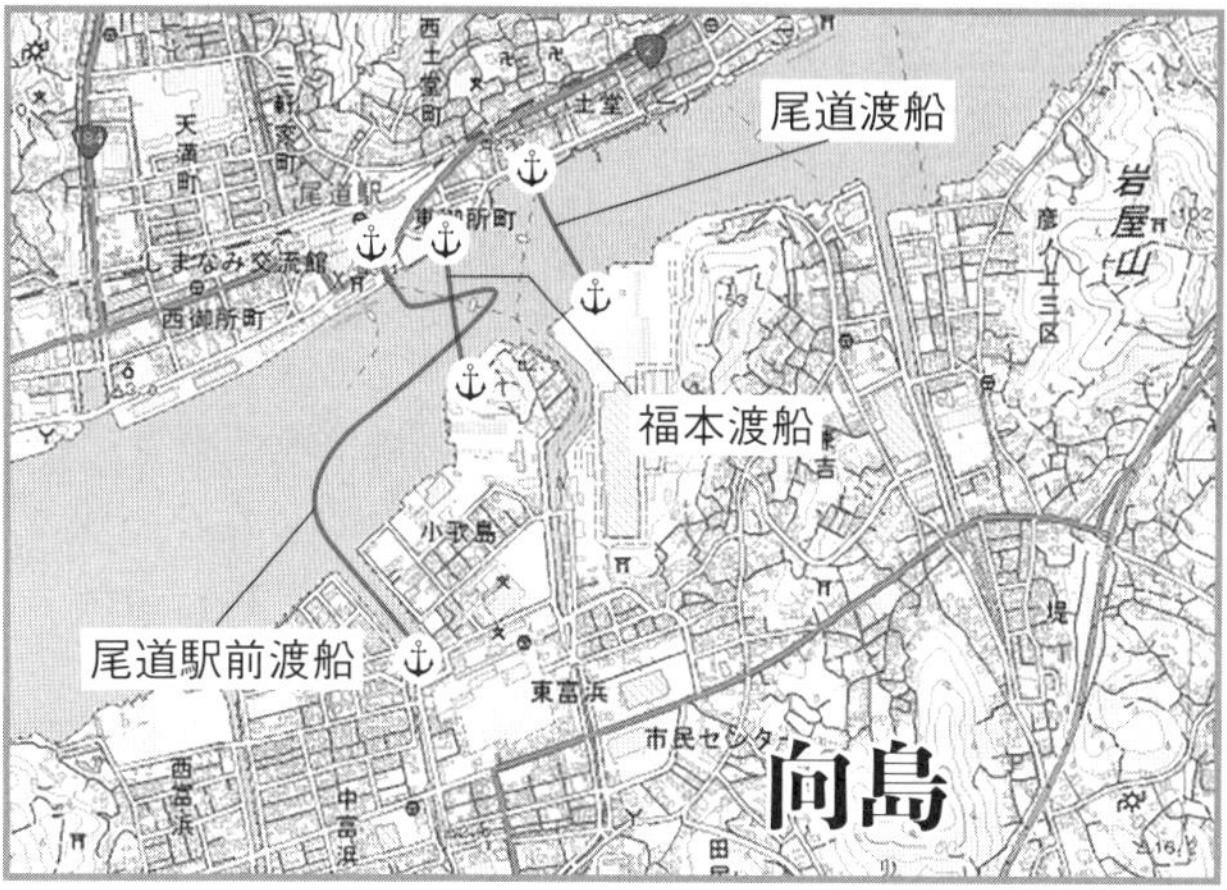

福本渡船は、大林宣彦監督の映画『ふたり』や『さびしんぼう』で印象深いシーンのロケ地となったほか、アニメ『かみちゅ！』にも登場し、いわゆる「聖地巡礼」のために訪れるファンも多い。船そのものにも歴史があり、1966（昭和41）年就航の第11小浦丸、1971（昭和46）年就航の第12小浦丸、1984（昭和59）年就航の第15小浦丸と、いずれも長い間活躍しているものばかりだ。

尾道渡船は、尾道本通り商店街の真ん中あたりから海側に通り抜けると、乗り場がある。運航終了時間がほかの2つの航路よりも少し遅いのも特徴といえる。向島側の渡船場の近くにあるバスの待合所は、大林宣彦監督の映画『あした』のロケセットを残した建物

福本渡船のフェリー乗り場は尾道渡船の乗り場よりも駅に近い

で、内部は自由に見学できる。朝の連続テレビ小説『てっぱん』のロケに使われたのもここだ。

3航路とも朝や夕方は、通勤や通学のために利用する人たちが足早に乗り込んで来る。人気の映画やドラマにも渡船が数多く登場するため、ロケ地巡りを目的に訪れる人も少なくない。最近では、しまなみ海道の絶景を望むサイクリングロードが有名になり、国内外からツーリングを目的に訪れる人も増えている。

船でしか行けない「さいはて」へ西表島の秘境集落への定期航路

ニューふなうき
白浜〜船浮（沖縄県）

　日本にはいまだに、地続きなのに極端に交通の便が悪く、周囲から隔絶された地域が存在している。冬季に雪で道が使えなくなったり、深い山に閉ざされていたりと、事情はさまざまだ。

　沖縄県の八重山諸島に属する西表島にも、そんな場所がある。海に隔てられた離島ではなく、西表島の中にあるにもかかわらず、ほかのどの集落からも道が続いていない「船浮」集落だ。西表島の南西部、崎山半島の付け根近くの北岸に位置している。

　西表島の主だった集落は島の東部や北部にあり、島中央部の大半はジャングルに覆われている。幹線道路は南東部の豊原集落から、北西部にある白浜集落にかけてぐるりと外周にめぐらされているが、その道路も白浜で終了。では、その先にある船浮集落へはどうやって行けばいいのか？　一応陸続きなので、広大なジャングルや山を越え道なき道を進んで辿り着くことは不可能ではない。ただし、そんなことをするのはよほどの物好きくらいだ。陸続きの地ではあるが、白浜港から出ている船が唯一の交通手段だといっていい。

沖縄のさいはてで今も約40人が暮らす

白浜から船浮集落へは、定期船「ニューふなうき」が毎日4往復（夏季は5往復）運航している。距離は片道およそ3・5㎞、10分ほどの船旅だ。

ニューふなうきは2008（平成20）年に就航。総トン数17トン、定員65名。それまでの「ふなうき」の老朽化に伴い、自治体や沖縄振興開発金融公庫などが出資する、沖縄県離島海運振興株式会社が約9000万円の費用をかけて新船を建造した。就航から5年間は、ニューふなうきを実際に運航する船浮海運にリースされていたが、その後は同社の所有となっている。

船浮港に入ると、屋根のかかった立派な浮桟橋が見えてくる。長さ23m、幅9mの浮桟橋も、2008（平成20）年のニューふなうき就航と同時に供用開始されたものだ。さらに港には鉄筋コンクリートの待合室も建てられた。このように手厚く整備されているのは、この船が船浮集落とほかの集落とを結ぶ唯一の交通機関だからだろう。

船浮集落は約40人が住む小さな集落だ。集落には生徒数たった5人の船浮小中学校があり、集落唯一の公共機関となっている。生活用品や食料品の店舗がないため、集落の人々は自前の船で白浜集落まで買い物に出かけるのだという。なのに3軒の民宿があり、そのうちの1軒は人気のパン屋でもあるというから、なんとも不思議な場所だ。集落を訪れた観光客は、集落から徒歩15分ほどに広がる「イダの浜」という白砂の美しいビーチで、何もないのんびりした時間を楽しんでいる。

現在は観光業や琉球真珠・黒真珠の養殖を主な収入源としている船浮集落だが、以前は西表炭鉱の一部として賑わっており、台湾からも石炭採掘の船が来ていたという。定期船ニューふなうきに乗船している際に右手に通りすぎた内離島《うちばなりじま》には、かつての炭鉱跡が残されている。

過去には廃村行きの定期航路もあった！

船浮集落がある崎山半島をさらに西に進んだところにはかつて、網取《あみとり》、崎山、鹿川《かのかわ》という3つの集落があった。鹿川は明治時代に、網取と崎山も戦後に廃村となってしまってい

白浜港（手前）から中央の水道を通り、船浮（奥）へ　写真：Paipateroma（CC BY 2.5）

る。これらの集落にも、ほかの集落から道は続いておらず孤立状態だった。鹿川集落にだけは船浮からの道が通じていたらしいのだが、廃村から100年以上たった今となっては、どこにあったのか見つけることは難しい。

廃村となった3集落のうち、網取集落跡地にだけ、現在も人の出入りがある。1976（昭和51）年5月、網取小中学校跡地に東海大学の海洋研究所西表分室が、亜熱帯地域の海洋学的・水産学的研究の基地として開設された。1971（昭和46）年より、竹富町が過疎化対策の一環として設立を目指していた研究施設である。

海洋研究所西表分室は、1981（昭和

◆船浮航路と集落跡地

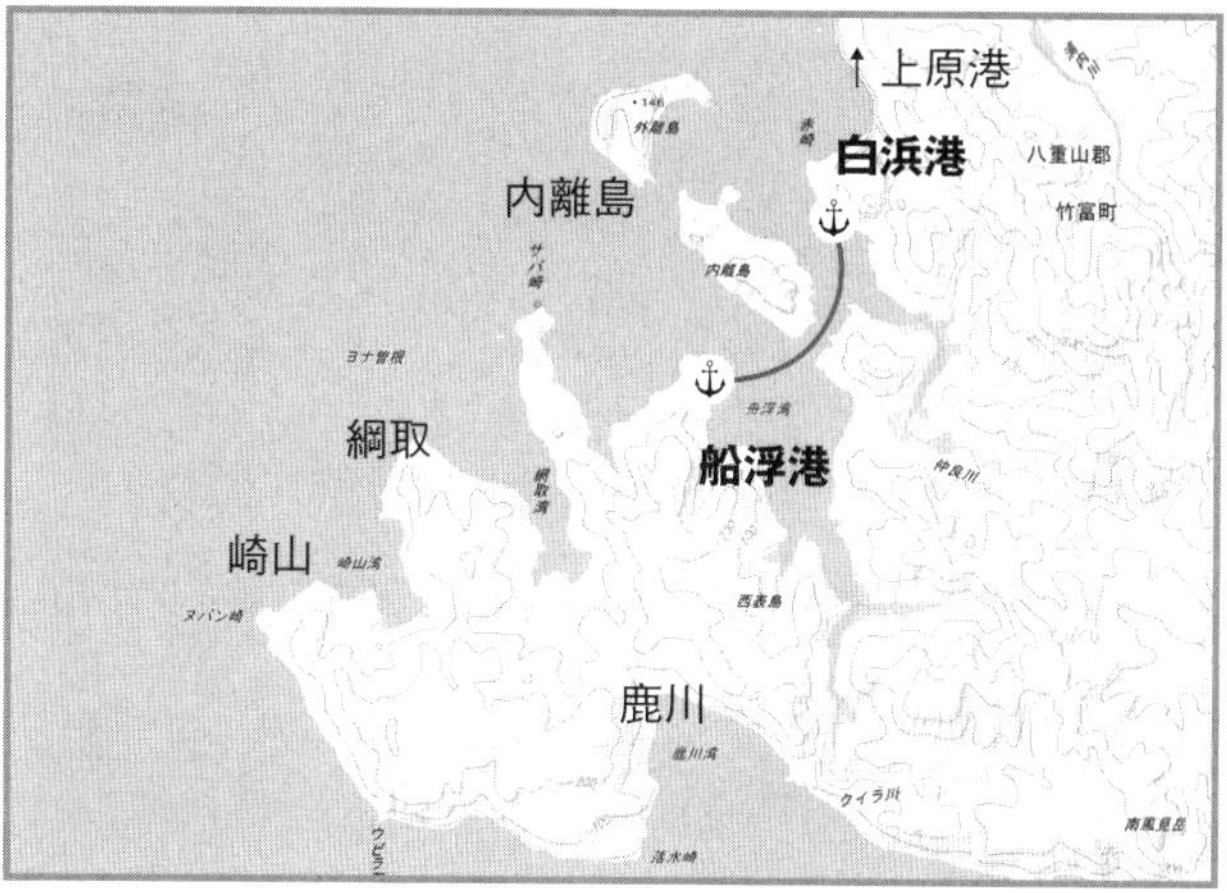

56）年に沖縄地域研究センターに改組。2001（平成13）年には西表島の北部の浦内地区にも新研究棟を開設している。この2施設を合わせると、年間2500～3000人の学生や研究者がセンターを利用しているという。同センター網取施設にも、多くの研究者が滞在している。

以前は週に1便ほど、船浮集落から網取集落跡地の研究センターへ連絡船が出ていたが、大学側も船舶を所有していたため利用者が少なく、2010（平成22）年には廃止されてしまった。現在は、網取集落跡地に行くなら、船をチャーターするか、船浮集落の宿などが行うツアーに参加するなどの方法を用いるしかない。

貨物船に揺られ46時間 超絶の離島旅客航路があった！

共勝丸
竹芝〜二見（東京都）

東京から約１０００km南に浮かぶ絶海の孤島、小笠原諸島。空港がない島への交通手段は船だけで、フェリー「おがさわら丸」が週1〜2便ペースで運航している。東京の竹芝桟橋から父島の二見港まで、所要24時間の船の旅だ。

丸一日、船に揺られるとは気が遠くなりそうだが、同区間を過去に運航し、その上をいく船が「第二十八共勝丸」だ。月2〜3便運航の貨物船で、所要は「問題なく」進んだ場合で46時間。天候が荒れると3〜4日、5日以上かかることも。大きさは「おがさわら丸」のほぼ30分の1の３１7トン、時速11ノット前後で「おがさわら丸」のほぼ倍の時間をかけ、父島へ到達する。

使われるのは小さな船だが航路の歴史は古く、小笠原諸島が本土復帰した１９６８（昭和43）年に、初代の「第十二共勝丸」がチャーター運航を開始している。以後は代替わりを繰り返し、１９９３（平成５）年に「第二十八共勝丸」が就航、今も株式会社共勝丸が運航を続けている。

基本は貨物船で、貨客船が搭載できないガソリンなどの危険物や建築資材を主に輸送。だが2014（平成26）年までは「荷物の付き添い」「小笠原諸島の住民」「その他、緊急と認められる場合」に限り、旅客を運んでいた。それ以前には、一般旅行者が乗船できる時期もあった。

テレビや風呂があり食事も充実

共勝丸が出港するのは、東京港の月島ふ頭。雑居ビル街の一角に桟橋があり、普通に通勤する人などを間近に見つつ船は出発する。街角の日常風景と、これから始まる最短46時間の大航海のギャップが激しい、不思議な出港である。

旅客室には2段ベッドが置かれ、テレビと冷蔵庫もあり旅客は自由に使える。座ってくつろげる床もあり、なかなか快適だ。ほか、甲板と風呂、食堂に出入り可能。甲板は旅客を意識した造りではなく、数カ所に階段があって通路は入り組み、腰を落ち着ける場所は少ない。風呂はステンレス製の家庭用風呂で、入浴はひとりずつ。

共勝丸の操舵室。現在は一般人が見ることは叶わない

そして食堂。旅客は時間になると食堂に呼ばれ食事をとるのだが、1日3度の食事代が「おがさわら丸」より安い1万8000円の運賃に含まれていたのが、旅客には好評だった。メニューは船員が食べるものと同じで、ボリュームたっぷり、家庭的で実に美味だったという。

過ぎゆかない膨大な時間を貨物船の中で過ごす

船内はそんな感じだが、出港後の46時間はもう大変。共勝丸は一般的なフェリーと違い、横揺れ防止装置（フィンスタビライザー）を装備していないので、東京湾を出た瞬間に

貨物船のためトラックなどの荷物をクレーンで積み込み出港

グワングワンと揺れ出すのだ。この揺れが半端なくて、まっすぐ立っていられないほど。甲板で階段を降りていたら大きく揺れて、足元にあるはずの階段がフッとなくなり、階段10段ほどを落下したなど、乗客のアクシデントも枚挙に暇がない。

「おがさわら丸」は、竹芝から父島までほぼ一直線に進んで行くが、共勝丸はそれと異なり、伊豆諸島のいくつかの島を伝うように進んで行く。時間もかかるぶん、青ヶ島を過ぎた先では無人島や岩礁を見られる。ベヨネーズ列岩に須美寿《すみす》島、鳥島に孀婦《そうふ》岩の島影を見られるのは、共勝丸に乗船した旅人たちの特権だった。

　順調に進めば出港から3日目の朝に、船は

小笠原諸島の北端、聟島《むこじま》列島近海に差しかかる。あとは嫁島、弟島、兄島と続く「小笠原ファミリー」の島々を眺めているうちに船は進み、昼前には父島二見港に着く。丸1日以上続いた横揺れにも耐えて、やっと入港した共勝丸を出迎えてくれる「おがさわら丸」のような賑わいはない。

共勝丸は父島二見港で一泊したあと、翌日はさらに南の母島へと向かう。もし東京月島から母島まで共勝丸で通しで行くとしたら、順調でも4日がかり、所要はなんと約70時間となる。

そんな貴重な乗船を体験することができた共勝丸だが、先述のように、ある時期から一般の旅客は乗船できず、荷物の付き添いや小笠原諸島の住民に限られてしまった。さらに、2014（平成26）年ごろからは安全上の理由などから、旅客自体の乗船も基本的に受け付けなくなってしまった。

そして2018（平成30）年5月から、本田重工業の佐伯工場にて、「第二十八共勝丸」に変わる新船の建造が始まっている。総トン数318トンと、大きさは現行の船とほとんど変わらないようだ。かつて旅人たちを乗せた貨物船・共勝丸の旅客運送は、果たして復活を遂げる日が来るのだろうか。

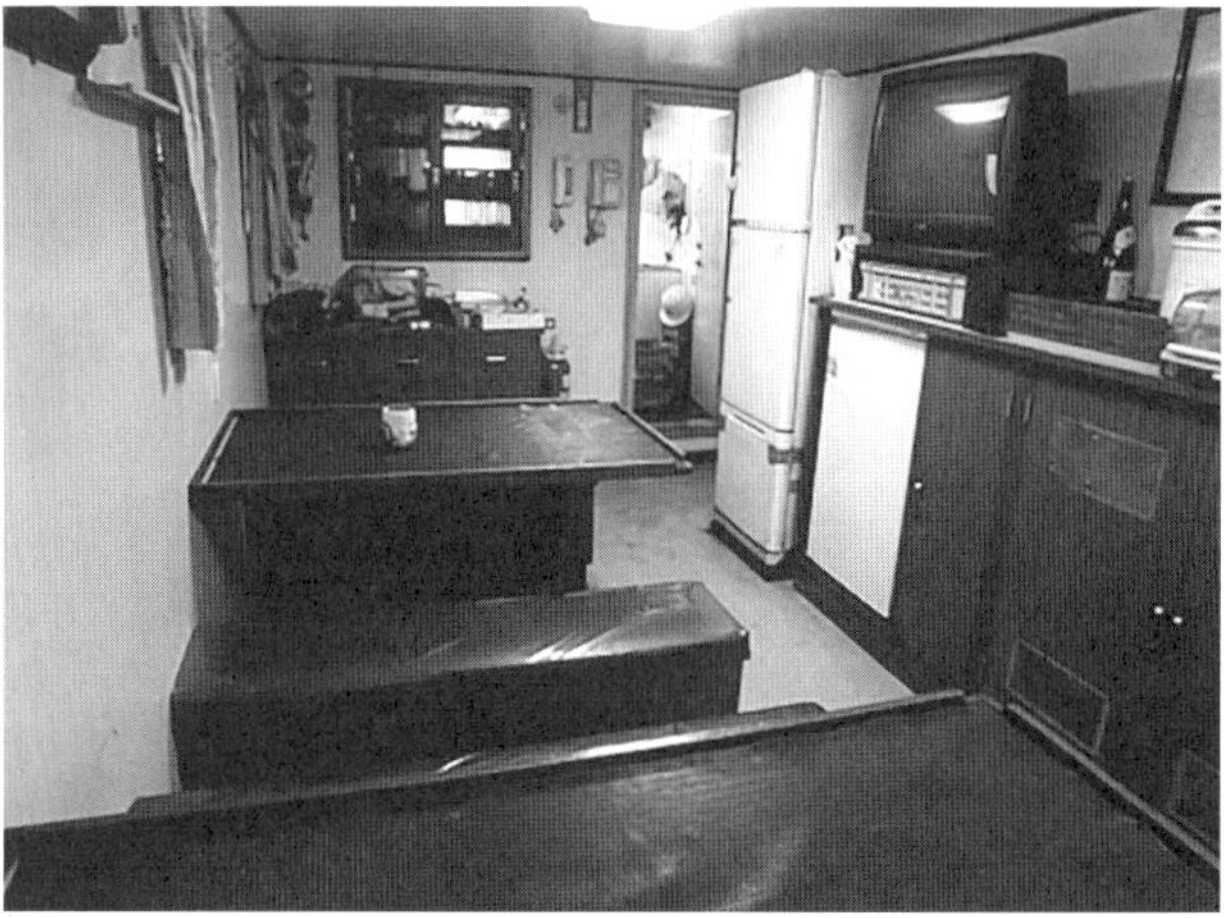
こぢんまりとした食堂があるが、船が揺れるので食べ過ぎは禁物

家庭用のステンレス製風呂があり、大航海の癒しの時間に

海上ルートの遍路道があった!?
半島をジグザグにつなぐ市営船

須崎市営巡航船
埋立〜坂内（高知県）

四国全体に点在する88カ所の寺院を巡る四国巡礼。弘法大師信仰とも結びつき、巡礼者は「お遍路さん」などと呼ばれ、文化庁の日本遺産にも認定されている。巡拝のルートは「遍路道」と呼ばれ、すべて歩くと50日前後の日数がかかるとされている。

その遍路道の中に、唯一船を使って海上をゆくルートがある。高知県中部の須崎《すさき》市、横《よこ》浪《なみ》半島に囲まれた「浦ノ内湾」、別名「横浪三里」を渡る市営の巡航船だ。この航路は、三十六番札所・青龍寺《しょうりゅうじ》から三十七番札所・岩本寺《いわもとじ》への本来の遍路道、という説がある。

浦ノ内湾は東西に長い湾だが、この湾の南北をつなぐ橋は宇佐大橋のみ。半島を走る「横浪黒潮ライン」はあるものの、浦ノ内の湾岸にある各集落へは谷あいの道を降りなければならず、各集落をつなぐ沿岸道路もない。そのため、沿岸に住む人々にとって船は生活に必要不可欠なのだ。この船を自治体が運営しているのにも、そんな事情がある。

船の起終点は、半島の根元にある坂内港と、土佐市との市境付近にある埋立港。湾内の

◆市営巡航船の航路図

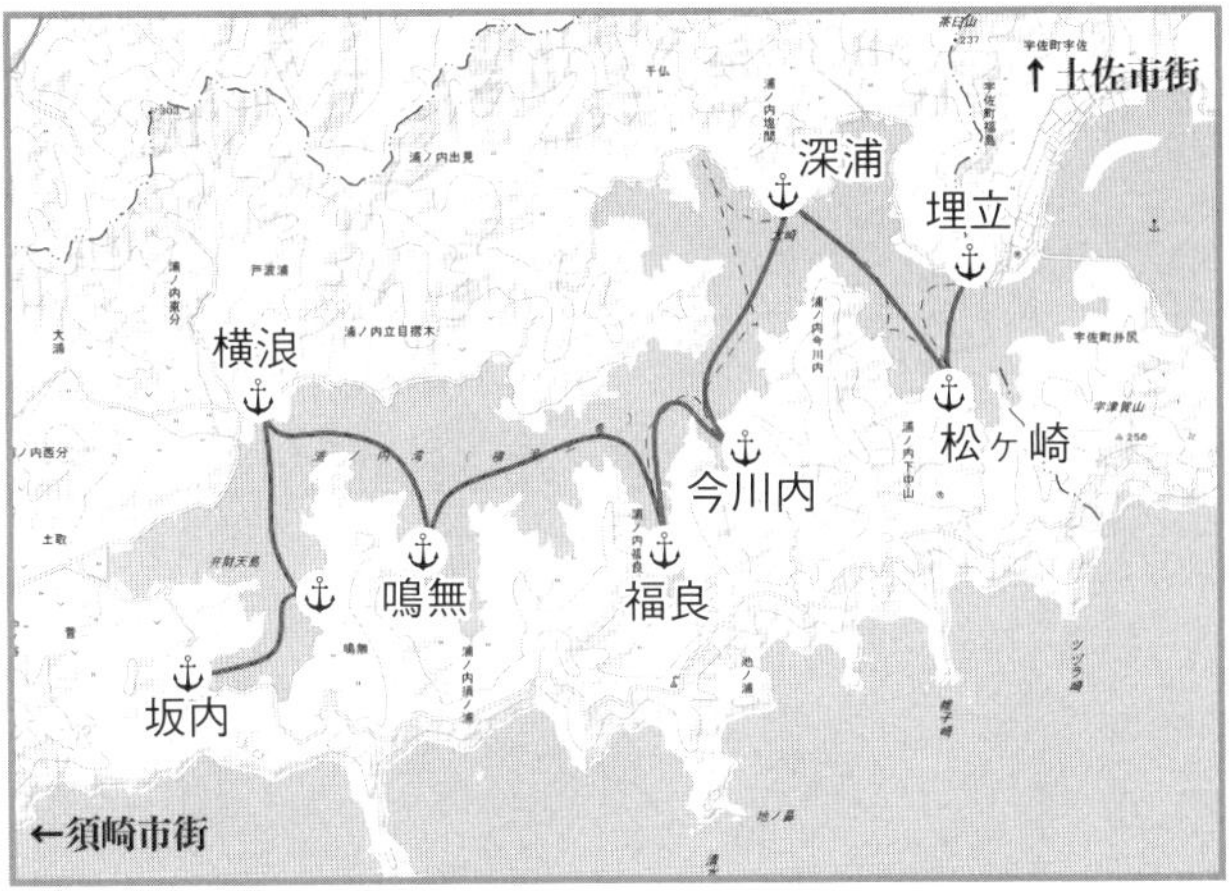

あちこちにある港をジグザグに結んでゆくというルートで、約1時間の航路にも関わらず、9つもの港を経由する。2018（平成30）年3月末までは12とさらに多かったのだが、人口や利用者の減少が影響したのだろう。半島は4つの地域に分かれるが、最も人口が少ない今川内《こんがわうち》では、2018（平成30）年3月末の人口はわずか44人だった。

しかしなぜ、この巡航船が「遍路道」として扱われるのだろう。青龍寺から岩本寺までのルートは、現在では土佐市から始まり横浪半島を縦断する「横浪黒潮ライン」を使うのが一般的だ。だが、実は湾内の渡し船は古くからあり、一説によれば、かの空海が青龍寺を創建する際に船で湾を渡ったとされる。以来、修行者の間でも渡し船を使うことが一般的になった、ということらしい。

あまりにシンプルな小港に接岸

観光目的で乗船する場合、鉄道駅から最も近いのは横浪港だ。といっても、最寄りの土讃線多ノ郷《おおのごう》駅から10km近く離れている。横浪港から乗る場合、乗り場を見つけるのにひと苦労するだろう。港には漁船に混じって「市営第五くろしお」と書かれた小さな船がつながれているだけだ。まわりには券売所のような施設があるわけでもなく、乗り場の案内すらないのだ。

船は定員36名と書いてあるが、実際には20人も乗ればかなりきついだろう。ジグザグと湾を進んでゆき、港をつないでゆくのだが、途中停まる港のほとんどは港とは思えないような造りで、防波堤に階段がついているだけ、というものばかり。地形上、切り立った崖の下に設置されていることも多く、こんなところに船が停まるのか？　と思わされてしまう。しかし、地元の住民たちはそんな港で降り、各々の家に向かってゆくのだ。付近には漁船が係留されていることもあり、漁業を営んでいる人が多いことがわかる。

巡航船は、須崎町、浦ノ内村などが合併し須崎市になる前の1948（昭和23）年からの運航

港とは名ばかりの鳴無《おとなし》港。付近には「土佐の宮島」と呼ばれる鳴無神社がある

選挙の際には投票箱も運ぶ 孤島の生活を担う1日1便

市営定期船とびしま

酒田〜飛島（山形県）

山形県北部に位置する酒田市。市の中心部から北西約39kmの海上に浮かぶ飛島は、人口約200人が暮らす山形県唯一の有人島だ。酒田港から出る市営定期船「とびしま」は、飛島と本州を結ぶただひとつの交通手段。その歴史は、飛島漁業協同組合が1914（大正3）年に就航させた定期船「飛島丸」までさかのぼる。現在は、1989（平成元）年から2010（平成22）年まで運航していた「ニューとびしま」に代わり新たに造られた「とびしま」が就航。島へ渡る人々を乗せて、約1時間15分で酒田港と飛島の勝浦港を結んでいる。

「とびしま」は全長39・41m、幅10m、総トン数253トン。定員は230名となっている。船体は耐食アルミニウム合金製で造られており、それにより船体重量の軽減化に成功。最大速力25・1ノット、航海速力20・5ノットを実現した。

船は1日1往復。夏の観光シーズンやGWなどには1日2〜3往復に増便されることもあるが、旅客人数は１９９０（平成２）年をピークに減少傾向にあるという。夏に定期船を利用する客は、島の住民以外は、飛島で釣りを楽しもうという釣り人や観光客がほとんどだった。

クレーンを駆使し軽トラックも積み込み可能

飛島と本州を結ぶ唯一の交通手段であるということは、人だけでなく、生活物資や建築資材なども運搬する重要な役割を担っているということだ。

定期船が飛島の勝浦港に到着すると、多くの人が港で待ち構えている。もちろん、降りてきた乗客を出迎える人もいるが、彼らが待っているのはなにも人ばかりというわけではない。

港ではクレーンを使い、大きなコンテナが船の甲板から吊り上げられ、ゆっくりと港に降ろされる。コンテナの扉が開くと、島の人たちがぞろぞろと中に入っていき、自分宛の荷物をピックアップしていく。島にはスーパーもコンビニエンスストアもない。あるのは小さな商店と土産物屋ぐらいだ。そのため、必要な物資は、船でこうやって運んでいるの

飛島港に停泊中の「とびしま」。右手のクレーンで荷役を行う

だ。軽トラックなどの自動車も酒田港でクレーンを使って積み込み、飛島港でクレーンを使い降ろされる。

これは珍しい方式だ。というのも、このような場合、通常は船側にクレーンを常備することが多い。「ニューとびしま」では船にクレーンが設置されていたのだが、これは軽自動車程度までしか積めない性能だった。そこで新造船建造と同時に酒田、飛島両港の陸上にクレーンを設置することで、船の軽量化と吊り下げ荷重の増大を図ったのだ。

すべての荷物を降ろした船は、再び乗客を乗せるとまたゆっくりと勝浦港を出て、酒田港へ戻っていく。

台風時の選挙で危機一髪⁉

飛島は1950（昭和25）年の合併以来、酒田市に属している。そのため、選挙の際は飛島の投票箱は、酒田市役所の選挙管理委員会によって開票されることになる。もちろん、投票所は島内に設けられているので、選挙の際には投票箱を船に載せて海を渡り、本州にある酒田市役所庁舎まで運ばなければならない。

しかし、投票日の天候が良ければ問題はないが、悪天候のときは困ったことになってしまう。先にも記した通り、定期船「とびしま」は、観光シーズンであっても1日2～3往復、通常は1日1往復しか運航していない。冬は特に海が荒れるため欠航となることも多々ある。

投票日がそんな悪天候に当たってしまった場合、天候が回復するまで開票を待つことなど当然できない。そのため、繰り上げ投票が行われる。

記憶に新しいところでは、2017（平成29）年10月22日に行われた衆議院議員総選挙。ちょうど台風21号が近づいていたため、全国で繰り上げ投票を行う投票所が相次いだ。飛島もそのひとつで、2日早い10月20日の午前7時～午後4時に、島の北東部にあるとびし

船に備え付けのクレーンは廃止され港に設置された

ま総合センターで投票が行われた。

この時は、島の有権者205名のうち、期日前投票も含め148名が投票し、投票率は72・2%という高い数字をたたき出した。締め切られた投票箱は、そのまま定期船「とびしま」に載せられ、午後5時40分には酒田港に到着。酒田市の投票管理者や投票立会人らが、3つの投票箱を抱えて船から降り、酒田市役所の庁舎へと運んで行ったのだった。

飛島では過去にも定例的に繰り上げ投票が行われており、船で運んだ投票箱は選挙管理委員会によって開票日まで厳重に保管されている。

かつて3社が競合した西表航路 運航スタイルにも違いがあった!?

上原航路・大原航路
石垣島〜西表島（沖縄県）

沖縄本島から南西に約430km、八重山諸島の中心にある石垣島の周辺には、西表島・竹富島・小浜島《こはまじま》・黒島・鳩間島《はとまじま》・波照間島《はてるまじま》・与那国島の7つの有人島がある。南国特有の自然が満喫できる離島めぐりは、観光客に人気だ。このうち石垣島から航空便があるのは与那国島のみで、他の離島への移動は船便を利用するしかない。各離島行きの定期高速船は、4基の浮桟橋を備えた石垣港離島ターミナルから出港していて、ここが八重山諸島の各島を結ぶ交通の拠点となっている。

荒々しいアンエイとスマートなヤエカン？

2013（平成25）年に移転した新石垣空港から離島ターミナルまでは約15km、車で20分強。路線バスもおよそ15分間隔で運行されていて、所要35分〜45分ほどだ。乗船券は

旅客定員数 99 名の高速客船「第 98 あんえい号」 写真：にらいかない

ターミナル1階にある各船会社窓口で購入。
石垣島を発着する7つの航路では、かつては安栄観光と八重山観光フェリーが競合し、同時刻に出航するなどの競争が行われていた。
面白いのが、会社ごとの性格の違い。現在は薄れ始めているが、かつてはスマートな印象の「ヤエカン（八重観）」に対し、荒々しい「アンエイ（安栄）」というイメージが、旅人の間では共有されていた。船舶名にしても、「サザンコーラル」など横文字を多用する八重山観光フェリーに対し、安栄観光は「第98あんえい号」などと昔ながらの命名法が多い。船員も「海の男」といった印象で、多少海が荒れても運航、かなりのスピードを出したという。両社の船が同時に出発して、

「サザンコーラル」は南のサンゴという意味　写真：にらいかない

安栄観光の船が八重山観光フェリーの船よりも大幅に早く港に着くこともよくあった、という話も、半ば都市伝説的に囁かれている。

そしてさらに2007（平成19）年には、観光客の増加などを背景として、石垣島ドリーム観光も参入。なんと、同一航路を3社が運航していたのだ。

長い戦いにもついに終止符が打たれた

そんななか過当競争を避けようと、2010（平成22）年4月より古参の安栄観光と八重山観光フェリーは、石垣島～黒島航路を皮切りに共同運航を開始した。現在は2社が同じ区間を運航するすべての定期航路で、共同運航が行われている。運航ダイヤを調整して同時間帯の発着を避けるとともに、ホームページの時刻表にも他社便の運航時刻が記載され、両社の乗船券で乗船できる。西表島には北部の上原港と南部の大原港の2つの港があるので、西表島のどこを目指すかで船を選ぶことになる。

石垣島からの所要時間は、上原港までは直行便で40～45分（鳩間島経由で55～60分）、大原港までは直行便で35～40分（竹富島経由で50～55分）。上原港と大原港行きでは運賃も異なるが、2社の運賃は同じで、朝7時頃から夕方18時頃まで1時間に1～3便運航している。冬期は上原港への便は欠航が多く、その際は大原～上原間に船会社のバスが出るようになっている。大原～上原間は約35㎞、バスで40分ほど。欠航時以外にも大原・上原各港から無料バスが運行されているが、バスは共同運行ではなく会社ごとに別々で運行されているため、接続するバス便を調べてから乗船券を買う必要があるのが少々不便かもしれない。

石垣島ドリーム観光は、2018（平成30）年4月より運航体系を変更し、定期船とカーフェリーの運航を休止（3島めぐりなどの離島周遊は従来どおり催行）。3社の戦いが白熱した航路には、今のところ平和（?）が訪れている。

同一諸島内で4社が運航!! 未来は競合か？ 共存か？

家島諸島航路

姫路〜家島、姫路〜坊勢島《ぼうぜじま》（兵庫県）

瀬戸内海東部の播磨灘にある家島諸島は、姫路市から沖合い約18kmに位置し、東西26・7km、南北18・5kmにわたって、大小40余りの島々で構成されている。家島本島のほか、坊勢島、男鹿島《たんがしま》、西島などに人が住んでいる。

家島へは、姫路駅からバスで約25分の姫路港から約30分。島西部の真浦港に着く「高速いえしま」と島東部の宮港に着く「高福ライナー」の2社が、1時間に1本程度の便を交互に運航しており、姫路港〜男鹿島〜坊勢島〜西島には坊勢汽船と輝観光の2社が、坊勢島〜家島には坊勢渡船が就航している。

各社では西表島の例（79ページ参照）のように共同運航などは行っておらず、バチバチと火花を上げている。2社が競合する区間はいずれも運賃が同じで、便数もほとんど変わらない。高速いえしまの方が高福ライナーより運航時間帯が30分ほど長く、逆に便数は休日では高福ライナーの方が1往復だけ多い、というくらいだ。

ただ、坊勢汽船と輝観光が競合する坊勢島～西島間では、棲み分けが行われている。坊勢汽船は10時台に1往復の運航に対し、輝観光は7時台。両社とも、その後4便を臨時で運航する。西島には県立の「いえしま自然体験センター」があり、その利用者向けの便だ。

いずれの航路も、近年では主力産業である採石業や海運業の規模縮小とそれに伴う人口減、少子化に伴う高校生の減少、高齢化の進行などを背景に、利用者が年々減少している。2015（平成27）年度の利用者数は、姫路～家島航路が40万4000人、姫路～坊勢島航路が27万3000人。対策を講じる必要に迫られているのだ。

安定した運航継続への課題は山積

姫路～家島、姫路～坊勢島で定期航路を運航する4社の経営は、一部の事業者の一部の事業年度を除いて赤字だ。営業収入の多くは旅客運賃が占め、営業費用の多くは船員費と燃料費が占めるため、利用者の減少に伴い航路事業者は厳しい経営環境に置かれている。

ただし、事業者が複数存在している現状では、離島航路確保維持事業の対象として国の補助も受けられない。地元自治体の取り組みもあまり進んでいないとあって、このままで

◆家島諸島の各社の航路

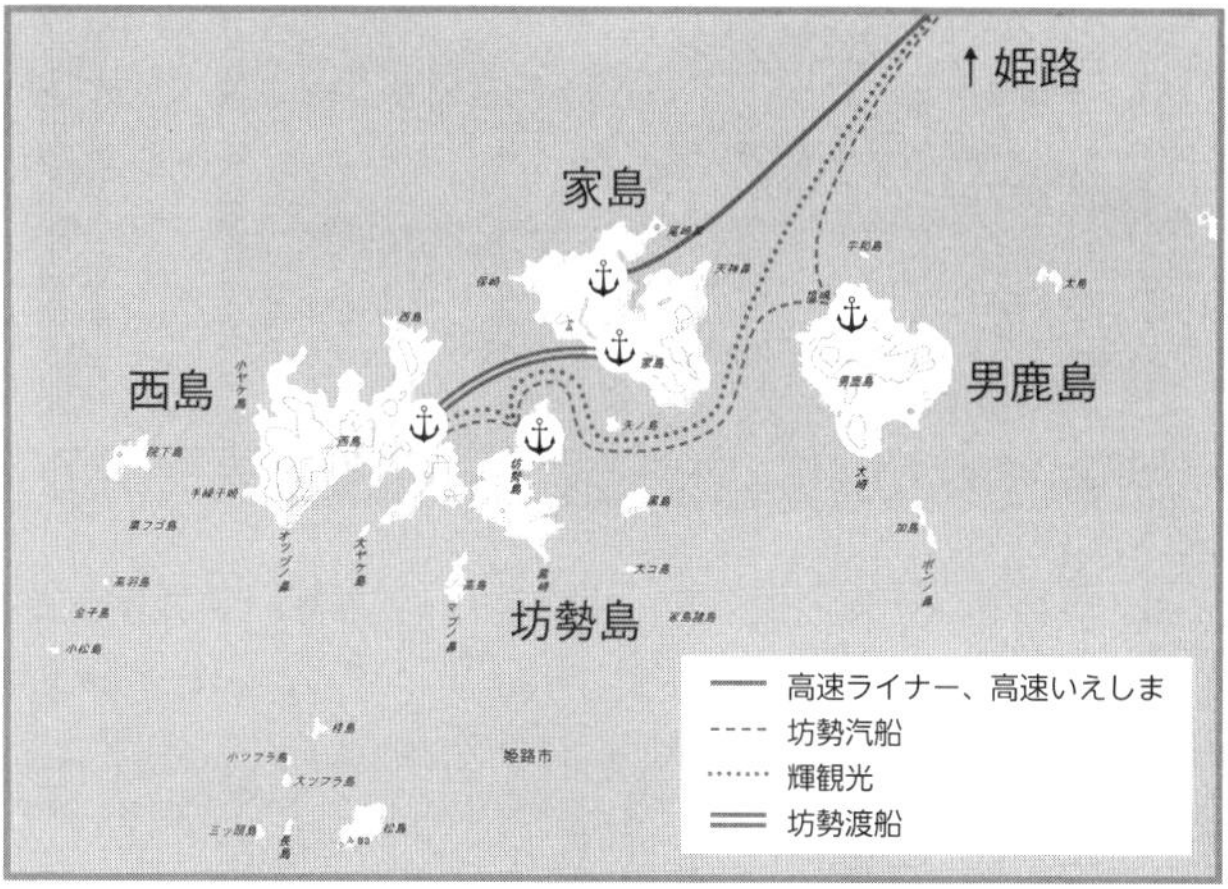

は各事業者とも航路を維持していくことが困難になると推察されている。

なんとか解決策を見出そうと、これまでに神戸運輸監理部や姫路市によって家島諸島航路に関する調査が行われ、居住者や利用者からさまざまな意見が寄せられているという。運賃に関する意見の大半は「運賃が高い」というもので、「乗車券や定期券の2社間での共通利用」を求める声も多い。定期券の共通利用は、法的に実施が可能で具体的な運営法も考えられるが、販売枚数が各社ごとに大きく異なるため、運賃収入の配分についての公平性やこれまでの経緯に伴う問題などが残されているそうだ。交通系ＩＣカードの導入にも費用面などでの課題がある。

世界の旅客船①

船齢100年!? 川の国をつなぐ世界唯一の外輪船

バングラデシュ（ダッカ～クルナ）

インド亜大陸の東端に位置し、ベンガル湾に面するバングラデシュには、ガンジス川、ジャムナ川、メグナ川の三大河川と無数の支流が流れている。

そんな「川の国」での大切な交通手段の1つに、「ロケット・スチーマー」がある。首都ダッカから商工業の中心地クルナまでを約30時間で結び、船の外側に付けられた水車型の外輪を回転させて進む、世界唯一の外輪船による定期航路だ。現在、3隻が国営の水運会社により毎日運航されており、ほとんどがイギリス統治時代の1920年台から活躍するものだとか。当初は蒸気船だったが、1995（平成7）年にディーゼルエンジンに積み替えられた。

チケットはエアコン付き個室の1等、ファン付き個室（相部屋）の2等、デッキで雑魚寝の3等と、3つのクラスに分かれている。港を出た船は「ロケット」の名とは程遠く、もはや歩く速度といっていいほど超スローペースで進む。揺れはほとんどなく、時折「ブォー」と鳴る独特の汽笛が旅情たっぷりだ。船上からは、川で泳ぐ子どもたちや洗濯をする女性、漁をする人々など、河辺で生きる人々の営みを見ることができる。歴史ある老船に揺られ、ゆったりと静かな川旅ができるとあって、外国人旅行者にも密かな人気だ。

第3章

施設・設備がすごすぎる船舶

輝かしい受賞歴が物語る豪華客船級の定期船

いしかり・きそ・きたかみ
名古屋～仙台～苫小牧
（愛知県～宮城県～北海道）

愛知県名古屋市から、宮城県の仙台を経由して北海道苫小牧市まで。距離にして約1330㎞を2泊3日の定期航路で結んでいるのが、名鉄グループ傘下の太平洋フェリーが運航する「いしかり」「きそ」の2船だ。その人気と評価は、国内カーフェリー最高の栄誉である「フェリー・オブ・ザ・イヤー」の受賞歴からも窺える。

2017（平成29）年の同賞では、「いしかり」が第1位、「きそ」が第3位を受賞している。同賞は1992（平成4）年から実施され歴史は深いが、その第1回から2004（平成16）年の第13回まで「いしかり（2代目）」、2005（平成17）年の第14回から2010（平成22）年の第19回まで「きそ」、そして2011（平成23）年の第20回から2017（平成29）年の第26回まで「いしかり」が受賞している。つまり賞開始からの26年間、太平洋フェリーが運航するフェリーが最高賞を獲得し続けているのだ。

乗客とともに乗用車を運ぶカーフェリーではあるのだが、ハイグレードの客室から食

フェリー「いしかり」。僚船とのすれ違いを見られる海側がおすすめ

事、エンターテインメントまで、船内設備は豪華クルーズ船に勝るとも劣らない。

まるでクルーズ船！船内豪華設備の数々

両船の機能・設備はほぼ同じだ。「いしかり」は総トン数１万５７６２トン、全長１９９・９ｍ、全幅27ｍ、最大速力は26・５ノット。旅客７７７名と乗用車１００台を収容できる。「きそ」は総トン数１万５７９５トン、全長・全幅は「いしかり」と同等で、最大速力は26・73ノット。旅客収容数は７６８名、乗用車は１１３台を収容する。

両船とも、船の象徴であり乗客を圧倒しているのが、エントランスホールだ。「いしか

「きそ」のラウンジ。毎夜本格的なショーが開催される

り」のエントランスホールは、メインオブジェである展望エレベーターが5階から7階まで3層吹き抜けになっており、抜群の重厚感と存在感を放っている。「きそ」も3層吹き抜けのエントランス。中央には光壁のオブジェが輝く。内部発光とムービングカラースポットライトの照射によるエキゾチックな演出で、乗客を出迎えてくれる。

客室は両船とも造りはほぼ同じ。どの客室も、乗客のホスピタリティを突き詰めた空間だ。船内に1室の最上級客室・ロイヤルスイートルームは、ベッドルームとリビングルームの2部屋で構成され、広さは約52㎡と、国内フェリー最大級。船首側に大きな窓があるバスルームでは、大海原のパノラマ

3層吹き抜けのエントランスと展望エレベーターが「いしかり」の豪華さを際立たせる

ビューを眺めながら入浴できる。
スイートルームも1室。洋室ツインの角部屋で、ゆったりとしたスペースが確保され、ゴージャスな雰囲気の中で景色が堪能できる。スイートに近い設備でリーズナブルなセミスイートルームも2室ある。運賃は、通常時の「A期間」の場合、最も安い2等で1万8000円。最上級のロイヤルスイートでは5万6000円となっている。
両船に整う船上設備は、これだけにとどまらない。軽食やドリンクをお供に時間を気にせずリラックスでき、ピアノステージまであるスタンドカフェ、コンサートやショーが催されるラウンジ、最高の景色とともに疲れを癒せる展望大浴場など、さまざまな世代が思い思いに過ごせる設備が整い、船上であることを忘れてしまうほどの充実ぶりなのだ。

古兵「きたかみ」にもレトロな魅力あり

ところで、「いしかり」「きそ」の影に隠れがちだが、同航路の仙台～苫小牧間には、「きたかみ」が運航している。１９８９（平成元）年の就航から30年を経た「きたかみ」だが、実は２０１９（平成31）年1月でその役目を終えることになっているのだ。

「きたかみ」は日本長距離フェリーの最古参。船内には、「いしかり」や「きそ」とはまた趣の異なる、レトロな魅力があふれている。デッキ先端の展望室は、船の前方の景色を満喫できる、いわば特等席。他の2船にはない「きたかみ」だけのスペースだ。赤が基調の空間と、木のぬくもりを感じられるインテリアがシックな雰囲気を醸し出す。

1等室の2段ベッドも、最新のフェリーでは目にする機会が減ってしまった設備で、懐かしさが漂う。そして、懐かしさを感じずにはいられない極めつけの設備がもう一つ。麻雀専用の「カードルーム」（有料）だ。全国のフェリーを見渡しても見つからないカードルームは、仲間とワイワイ楽しむにはもってこいなのだ。

愛犬部屋もドッグランも完備!!
充実設備の長距離フェリー

さんふらわあ ふらの
さんふらわあ さっぽろ
大洗～苫小牧（茨城県～北海道）

北海道航路を運航している商船三井フェリーでは、茨城県の大洗《おおあらい》港と北海道の苫小牧《とまこまい》西港を結ぶ航路において、２０１７（平成29）年5月に「さんふらわあ ふらの」、10月に「さんふらわあ さっぽろ」と2隻の新造船を、同名の船を置き換える形で就航させた。現在、毎日2便体制（日曜日を除く）で、週12便が運航されている。

運航ダイヤは、往路は大洗港発が19時45分、苫小牧西港着が翌日13時30分（所要約17時間45分）。復路は苫小牧西港発が18時45分、大洗港着が翌日14時（所要約19時間15分）。プロペラやエンジンに新しい推進システムを採用し、従来よりも高速化されたことで、所要時間を短縮。苫小牧西港の到着時刻は以前と変わらないのに、大洗港の出港時刻が1時間15分遅くなり、関東圏で仕事をする物流業者にとっても個人にとっても利用しやすくなったと好評だ。

新造船は個室率を約20%増加して約50%にし、より快適でプライベートな船旅が楽しめるような仕様にアップグレード。最上階の7階にある「スイート」は、開放的な専用バルコニーが付いた1室のみの特別な部屋で、広々とした空間で優雅な時間が過ごせる。「プレミアム」もバルコニーが配置され、海を見ながらのんびりくつろげる落ち着いたインテリアの客室。「スーペリア」は定員4名の和洋室と定員2名の洋室、和室のタイプがあり、全室にシャワー・トイレを完備している。リーズナブルな「コンフォート」はカプセルホテル風で、テレビ、コンセント、読書灯、荷物専用スペースがコンパクトな空間にまとまっている。

新造船にはペットルームやドッグラン完備！

展望浴場は乗船後すぐから大洗発の便は23時まで、苫小牧発の便は22時まで、朝はどちらも6時30分から利用できる。窓が大きくとられているので、湯舟に入ると海沿いの風呂に浸かっているような気分だ。浴場の奥にはサウナルームもあるので、海を眺めながら汗を流すのもいい。そのほか、24時間利用できる個室のシャワールームやコインランドリーも設置されているなど、便利な設備が揃う。

ペットと一緒に宿泊できる「ウィズペットルーム」

ペット同伴で船旅が楽しめることも、新造船の魅力の1つ。これまでも、ペットケージを備え付けた「ペットルーム」はあったが、長時間の乗船中にケージから出すことができず、ペットのストレスになってしまうことがあった。そこで登場した「ウィズペットルーム」は小型犬から大型犬まで、また猫やそのほかの動物（種類は要問い合わせ）でも、ケージ不要で自由に過ごせる客室だ。アメニティもペット仕様のものが用意されており、ペット用トイレトレーや餌・水用の器、粘着クリーナーといったものから、リードまで使える。複数頭連れている場合も料金は一律8000円。日本のフェリーでは数少ないサービスで、船室の数も多くないため、予約

中央壁際に設置されている画面がSSQのタッチパネル

はかなり早くから埋まってしまうそうだ。
首都圏発着フェリーでは初のドッグランも完備され、ペットが旅行中に運動不足になったり、ストレスを溜めたりする心配もない。これらのサービスは、愛犬家でもある商船三井フェリーの大江明生社長が、自由に安全に長距離のフェリー旅を楽しんでもらえるようにと考えたものだとか。
船内には「SSQ（Sunflower Smart Quest）」というエンターテイメントシステムも導入されており、4カ所に設置された50インチ型のタッチパネルで、天気予報や寄港地案内、船内イベント情報などが見られる。さらに、船内の無線LANでタッチパネルの内容に加え、映画チャンネルが配信され、スマートフォンなどで視聴することもできるのだ。

ただ豪華なだけじゃない！ 災害時にも活躍

2018（平成30）年9月6日。北海道胆振地方を震源として、最大震度7を観測した大地震が発生した。大規模な停電、鉄道や交通機関のマヒなどインフラに影響が発生し、札幌市などでは液状化現象や土砂崩れが発生するなど、大きな被害を受けた。そんななか、活躍したのが「さんふらわあ ふらの」をはじめとした大型フェリーだ。同日夜、埼玉、千葉、茨城の3県警の緊急援助隊などが組織され、大洗港から出発。救助活動に必要な機材や車両などとともに「さんふらわあ ふらの」に乗り込み、翌日午後に到着し、救護活動などを行った。

船は港に接岸さえできれば上陸できるため、バスや鉄道、飛行機などに比べ、陸地のインフラの影響を受けにくい。大型であればあるほど車両や人員の大量輸送も可能で、今回のような災害の場合、輸送手段としては最適。ただの豪華客船というだけではなく、このような活躍もしているのだ。

1万3816トン、定員590名の「さんふらわあ ふらの」

7階にある広々としたスイート。バルコニーもついている

国内初の完全個室型を実現「まるでホテル」な豪華フェリー

おれんじえひめ
東予～大阪南（愛媛県～大阪府）

四国開発フェリーは「オレンジフェリー」のブランド名で、東予～大阪南港航路（2隻体制で1日1便）と、新居浜東～神戸航路（1隻で1日1便）を定期運航している。夜間に約8時間かけて瀬戸内海の穏やかな海を航行し、翌朝には目的の港に到着する便利なフェリー便だ。

ここ数年、省エネ化や利便性向上などを目的に代替建造が相次いでいるなか、四国開発フェリーでも約80億円の建造費をかけ、2018（平成30）年8月25日、国内初となる全室完全個室の夜行フェリー「おれんじ えひめ」を就航させた。同年冬には同型船の「おれんじ おおさか」も就航が予定されている。

この2隻は、東予～大阪間の同航路に1999（平成11）年に就航した「おれんじ8」と、1994（平成6）年に就航した「おれんじ7」の代替となるもの。「おれんじ おおさか」の就航までは「おれんじ えひめ」と「おれんじ7」の日替わり運航となる。

新造船のコンセプトは「動く海上ホテル」で、従来の大部屋や2段ベッド式の寝台室をなくし、すべて2人部屋と個室タイプのみとした。そして、乗客の定員をこれまでの750名から519名に減らす代わりに、プライバシーを重視して快適性を高め、個人旅行者や訪日外国人などの取り込みを狙っている。

また、2隻とも大型化が図られ、全長約200m、総トン数約1万5000tと、従来船と比べて、およそ1・5倍の規模となった。船の大型化によって従来の東予港に接岸できなくなったため、「おれんじ えひめ」の就航を機に、東予港フェリーターミナルも生まれ変わった。ピカピカの新ターミナルは、1階に乗船券販売所、2階に待合室があり、従来の船内エスカレーターを廃し、ボーディングブリッジから直接船のエントランスホールへ乗り込めるようになっている。

快適性を高めるパブリックスペースも充実

エントランスは3層吹き抜けで、明るい光が差し込み、高級ホテルのロビーのような雰囲気。木目を中心とした内装は落ち着きがあり、絨毯の敷かれた廊下は豪華で、壁に飾ら

2018（平成30）年夏に就航した「おれんじ えひめ」新造船のエントランス

れたアート作品も見ごたえがある。

最上階の6階には展望室の「スカイラウンジ」、5階の船尾にはロイヤル、スイートルーム利用者専用の「フォワードラウンジ」があり、大阪・神戸の夜景と瀬戸内の島々の眺めを堪能できる。船内にはジャグジーやサウナを設置した展望バスルーム、明るく開放的なレストランなども完備している。

新造船のいちばんの特徴は、すべて個室で大部屋が設けられていないこと。従来の特別室は「ロイヤル」となり、なかでもツインの部屋は広さ約28畳。テレビ、バス、トイレ付きだ。また、小型犬や猫などのペットと一緒に宿泊できる部屋「ウィズペットルーム」も用意。

鯛の刺身と溶き卵をご飯にかける「宇和島風鯛めし」は1200円

出発前や到着後も船内でのんびりと

レストランでは、看板メニューである郷土料理の「宇和島風鯛めし」をはじめ、地のもの、旬を意識した食事や豊富なアルコール類を楽しめる。

また、船は22時に出港して6時に到着するが、到着後も東予港は7時、大阪南港では8時まで船内にいることができる。船内のレストランで食事をとったり、入浴をしたりしてくつろぎながら、予定に合わせて時間を決めて出発できるのだ。ちなみに、出港前も2時間前から乗船が可能。こうしたサービスはなかなか珍しい。

レストランは各種日本酒や焼酎などアルコールメニューも豊富

「おれんじ えひめ」の青・オレンジ・緑のラインはカモメをあしらったもの

クレーン上陸中は船上も要注意
断崖絶壁に囲まれた孤島の至芸

フェリーだいとう
那覇〜大東諸島（沖縄県）

沖縄本島から東に約４００㎞。大東諸島《だいとう》は有人島の北大東島、南大東島、無人島の沖大東島からなる島嶼群《とうしょ》で、周囲にほかに島はなく、まさに絶海の孤島だ。面積は北大東島が11・94㎢、南大東島が30・57㎢。人口は南北大東島合わせて１９５８人（２０１５年時点）ほどの、小さな島々である。

南北ともに空港が整備されており、那覇空港から飛行機でおよそ1時間10分。1日1便運航し、北大東島・南大東島の間も航空便が結んでいる。飛行機を使うのであれば、沖縄本島からもさほどアクセスの不便な島ではないが、これがフェリーとなると話が大きく違ってくる。

南北大東島と沖縄本島を結ぶ船「フェリーだいとう」は、那覇市の泊港《とまり》もしくは安謝《あじゃ》新港ふ頭から出港している。年間66航海の予定で、那覇から北大東島、南大東島の順で周る便と、先に南大東島から周る便が、交互に運航している。

揺れに強く大型化した2代目船舶が就航

南北大東島は、サトウキビの栽培や製糖業を営む玉置商会によって明治時代に開拓され、一私企業によって行政運営まで行われていた島だ。１９００（明治33）年1月23日に八丈島からの開拓移民23名が現在の南大東島の西港に上陸し、有人島となった。製糖業に加え、北大東島では燐《りん》採掘も行われていた。戦後はアメリカ軍に接収されたが、１９５０（昭和25）年には燐鉱業所が閉鎖。以降は軍用船の往来もなくなり、不定期の漁船や貨物船による物資運搬に頼らなければならなくなり、食糧難に見舞われることもたびたびあった。

しかし１９７５（昭和50）年、大城海運により定期船「協栄丸」が就航したことで、沖縄本島と南北大東島の定期航路が確立し、島の暮らしは安定した。さらに11年後の１９８６（昭和61）年には、現在、「フェリーだいとう」を運航している大東海運が設立され、協栄丸が譲渡されて「大東丸」と名前を改めた。１９９０（平成2）年には初代「フェリーだいとう」が就航。それから約20年にわたって、沖縄本島と南北大東島を結んでいた。しかし、波の荒い外洋を行くには船が小さく、揺れも激しい。老朽化も進んだこ

2代目の「フェリーだいとう」。先代に比べ横揺れに強く、船体が大きくなっている

とから、多くの島民が代替船の建造を希望していた。そうして、2011（平成23）年6月1日に、2代目「フェリーだいとう」が誕生したのだ。

総トン数690t、定員55名。全長10・6m、全幅2・4mと、初代よりもかなり大型化された。また、フィン・スタビライザーという横揺れ防止装置を備え、海を横断する適合性と航海に耐える能力がアップし、長時間の外洋航海もだいぶ快適になったという。

クレーン上陸が理由で入港順のルールも決定

大東諸島は、サンゴ礁が隆起してできあがった島々だ。島は断崖絶壁に囲まれていて、外洋にむき出し。港はいずれも外海にさらされた岸壁に設けられていて、船を接岸しようとしても荒波にあおられてしまう。そのため、フェリーは海岸から少し離れたところに停泊し、伸ばしたロープで係留することになる。

カゴ型のゴンドラもまだ現役で、使われることがある

しかし、船から岸まで距離があると、タラップなどで乗降することは難しい。そこで、登場するのがクレーンだ。船を降りる人たちは、クレーンに吊るされたゴンドラに乗り込んで空高く吊り上げられる。３秒ほどで港に降ろされ、乗客は島へと上陸するのだ。

港は北大東島、南大東島それぞれに３つずつあるが、すべてやり方は同様。だが、旅客が乗り込むゴンドラが微妙に違う。南大東島のゴンドラは外枠が青く塗られているのに対し、北大東島のゴンドラは緑色だ。２０１１（平成23）年に2代目「フェリーだいとう」が就航した際にリニューアルされたもので、ドアと屋根もついており、遊園地の乗り物のようだ。それ以前は鉄製の檻のような簡素なものだった。それに比べれば吊り下げられている時の恐怖感は少ないが、屋根やドアがあるぶん、風の影響を受けやすい。

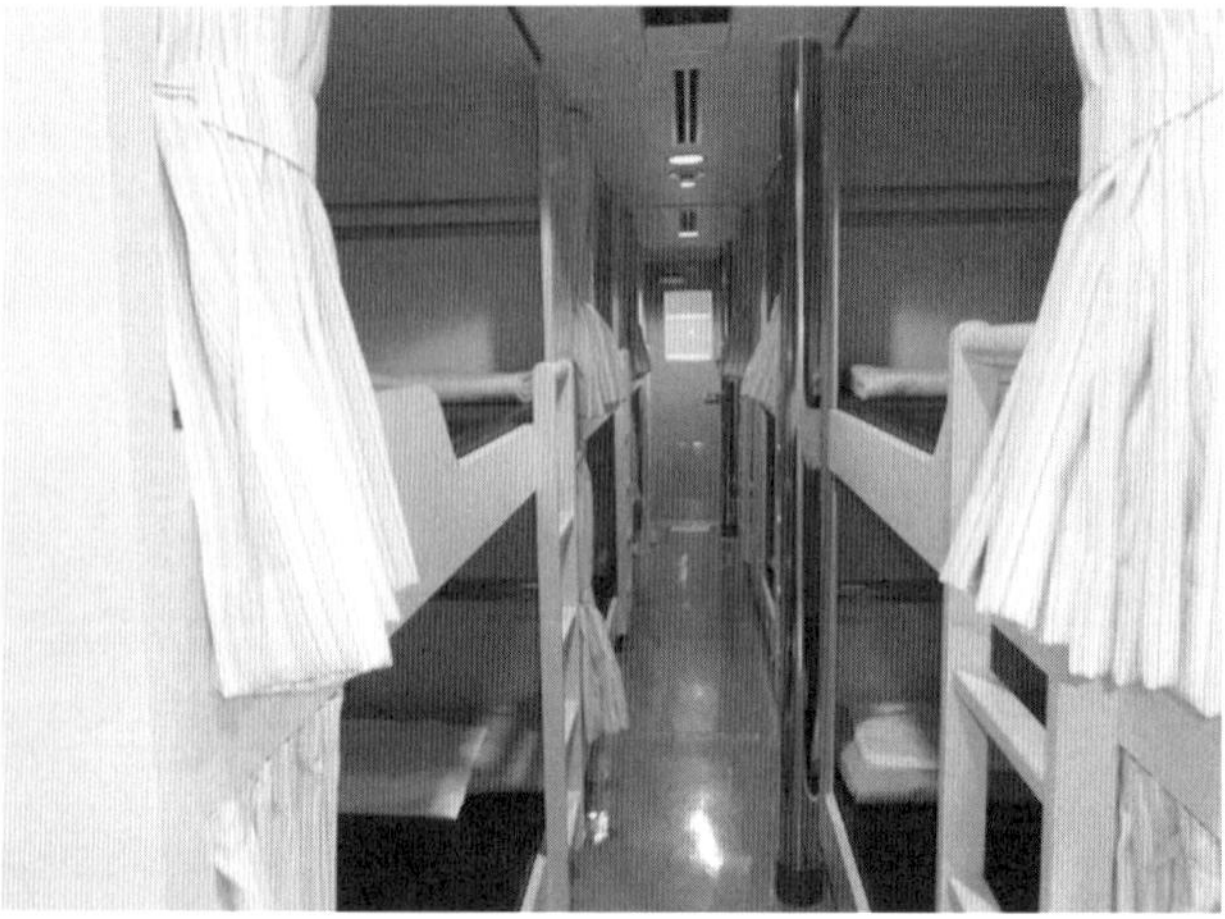
船内には写真のような２段の寝台部屋や５名部屋がある

港でのクレーン作業中、船は大きく横揺れする。そのため、北大東島が目的地の乗客が「南大東島回り」の便に乗った場合、１時間ほどのクレーン作業の間、ずっと揺れ続ける船に乗っていなければならない。そういった不便を平等にするため、南北の港で入港の順番を交互にしているのだという。

以前はなんと人が海に飛び込み、船まで艀《はしけ》を渡していた。ちなみに、現在は漁港に係留施設が整備されたが、漁船も以前はクレーンで吊り下げて出港・帰港していた。クレーンは島にいるクレーンオペレーターが操作するのだが、作業時間が決められている。不便なクレーン上陸だが、厳しい港湾状況のなかでの最善の方法なのだ。

1日140便の24時間運航！世界屈指の本数を誇るフェリー

桜島フェリー

鹿児島～桜島（鹿児島県）

九州の南端に位置する鹿児島県。世界自然遺産の屋久島や奄美群島など、南北600kmにわたる島々を有するため、古くから海上交通が発達してきた。今日も鹿児島湾内には大小様々な、色とりどりの船が入り乱れている。

鹿児島県は鹿児島湾を隔てて、大きく薩摩半島と大隅半島に分かれている。陸路で反対側の半島に渡るには大きく迂回しなければならないが、海上ならほぼ直線の移動で到達できるのだ。そのため両半島を結ぶ海上交通が発達し、現在でも北から桜島フェリー、垂水《たるみ》フェリー、山川根占《やまがわねじめ》フェリーと3航路が存在し、2つの半島の往来を可能にしている。この中で、距離と所要時間が一番短いのが桜島フェリーである。

桜島は鹿児島湾の中央にぽっかり浮かぶ島だ。現在でも火山活動が盛んな活火山で、時には大きな噴煙を間近で見ることができる。1914（大正3）年の大噴火によって、東側の大隅半島とは陸続きになったが、西側とは鹿児島湾（錦江《きんこう》湾）を隔てて約3・5km離

◆桜島フェリーによる時間短縮

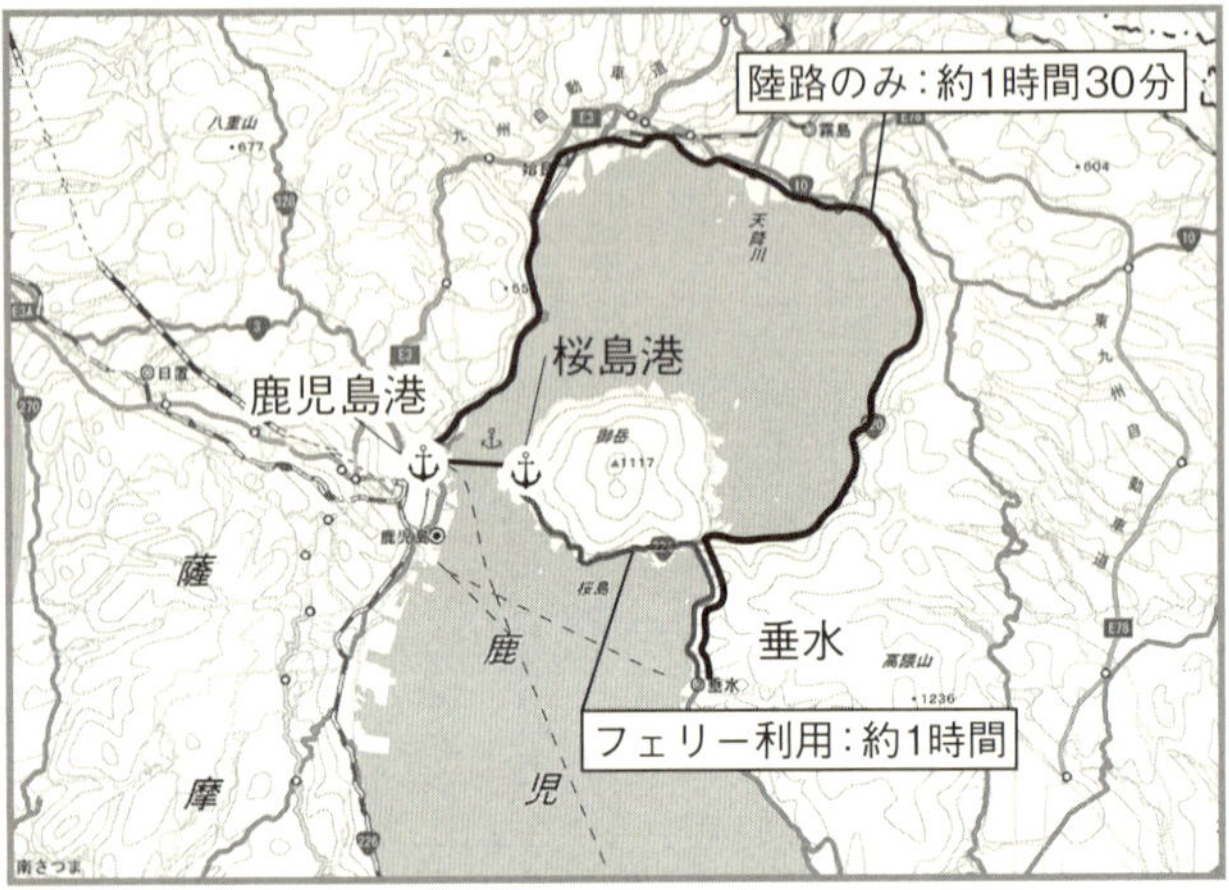

れている。

現在の桜島フェリーの歴史は、1914（大正3）年の大噴火までさかのぼる。噴火によって土地を失い、島民の生活の根幹を揺るがされた当時の西桜島村は、村民の子弟に教育を施すために、桜島と鹿児島の航路を開設しようとした。その当時存在していた個人所有の船を買収し、1934（昭和9）年に鹿児島桜島航路が開設されている。これが桜島フェリーの起源である。

日本ダントツの頻繁運行を誇る

その後、鹿児島と桜島を結ぶばかりではなく、その向こうにつながる大隅半島との懸け橋となり、年々利用客数が増えていく。たとえば車で鹿児島駅から垂水市街に向かう際、湾沿いに迂回すると高速道路を使っても1時間30分はかかる。それが桜島フェリーを使えば約1時間で到達できてしまうのだ。陸路より大幅な時間短縮ができるので、需要は増すばかりだった。多くの乗客や、車社会の進展とともに増え続ける航送車両に対応するために増便し、港湾設備もそれに対応できるよう整備されている。現在ではより多くの車両を航送するために、車両甲板が2フロアに分かれている。

今日も5隻の「桜島丸」が一日70往復・140便運航し、年間旅客人数520万、航送台数153万ということが、この航路が鹿児島の大動脈であるということを如実に物語っている。

桜島フェリーが大動脈と感じられる姿は、夜の鹿児島港にもある。桜島フェリーは夜も寝ずに運航を続けている。一地方都市の船にもかかわらず、なんと24時間運航しているのだ。夜間の運航は長距離航路を除いては珍しい存在といえる。

夜間は徒歩で乗船する旅客よりも、トラックが多く、物流にもなくてはならない存在ということがわかる。また桜島側からは明け方、大隅半島の海の幸を乗せた鮮魚車が多く乗り込む姿も見られる。

災害時や交通機関にも不可欠の存在

桜島フェリーは一航路を担っているだけではない。もし、桜島の噴火や自然災害が起きたとき、島民の命を守るべく避難用に活躍する使命もある。

桜島の災害だけでなく、1993（平成5）年8月6日の水害では、鹿児島市竜ヶ水地区の孤立状態を救うべく、救援船として活躍した実績もある。いつ、何時発生するかわからない災害への備えとしても、24時間運航しているのである。

桜島フェリーにはバスも乗る。乗客を乗せたまま桜島フェリーを利用するバスは存在しないが、毎日見ることができるバスがある。まずは、桜島の定期観光バスだ。西郷隆盛銅像や、薩摩藩主島津家の別邸がある仙巌園《せんがんえん》など、鹿児島市内を周遊したのち、桜島へとバスごとフェリーで渡って、活火山の魅力を満喫できる。

他にも、フェリーで桜島へと渡ってから運用に入るバスがある。それは、鹿児島市営バスだ。桜島を周遊するサクラジマアイランドビューに使われるバスは、鹿児島市内から毎朝「通勤」しているのだ。このバスの航送による回送風景は、福岡県の能古島でも見ることができる。なかなか珍しい、不思議な光景である。

マスコットの「サクラエンジェルちゃん」が真ん中に描かれた桜島丸　写真：にらいかない

ちなみに、すぐそばの鴨池〜垂水を結ぶ垂水フェリーでは、さらに珍しい光景が見られる。鹿児島交通が運行する「鹿屋直行バス」が、乗客を乗せたままフェリーに乗船するのだ。こちらも薩摩半島と大隅半島を連絡する重要な航路であり、毎日25便が運行されている。強風などでフェリーが欠航となる場合には、湾を渡れないためバスも運休になってしまうという、おもしろい路線だ。

また、桜島フェリーといえば、もう1つ外せないのがうどんだ。船上でうどんコーナーが営業しているのだが、この船はわずか15分の航路。乗船してすぐに注意し、急いで食べ切ってしまわなければ、到着までに食べ終われないのだ。

世界の旅客船②

(c)2015 NEISAN

列車がそのまま海を渡る!?「渡り鳥ライン」

デンマーク（コペンハーゲン）～ドイツ（ハンブルク）

デンマーク・コペンハーゲンとドイツ・ハンブルクをつなぐ国際列車「ユーロシティ」。途中、バルト海を越えなくてはならないのだが、この渡り方が面白い。

コペンハーゲン中央駅を出た列車は、2時間ほど走ると、デンマーク側最後の駅・ロービュに到着。その後、お客を乗せたまま、ゆっくりとフェリーに進入する。かつて日本で青函連絡船や宇高連絡船が列車を船で渡したように、列車ごとフェリーに積んで、そのまま海を渡るのだ。

ドイツとデンマークにまたがり営業している「スカンドラインズ」が運航するこのフェリーは、ロービュとドイツ・ブットガルテン間19㎞を45分で結び、1時間あたり2往復運航する。この航路は、中央ヨーロッパからスカンジナビアへ渡る鳥のルートと重なるため、「渡り鳥ライン」とも呼ばれている。

船底に敷かれたレールを奥まで進み定位置に着くと、扉が開いて乗客が下車。乗客はブットガルテンに着くまでの間、デッキに出たり、船内のレストランや免税店などで思い思いに楽しむ。ドイツ側に到着して船のゲートが空いたら、列車は自力走行を再開する。

いずれ両都市間を結ぶ橋やトンネルができれば、なくなるかもしれない貴重な航路だ。

第4章

歴史ある客船・航路の謎

物流輸送と旅客輸送それぞれ始まりは？
日本国内の定期航路の歴史

江戸期の日本の経済を支えていたのが、沿岸を運航していた商船「北前船」だ。日本随一の商都だった大坂を拠点として、瀬戸内海を西に向かって関門海峡を越え、そこからは日本海を北上して蝦夷地（北海道）に達するというのがメインルート。帰路はその逆コースを巡り、途中の寄港地でも売買を行って、大坂と瀬戸内海〜日本海沿いの各地を結んだ。いわば、日本の定期航路のルーツ的存在といえるだろう。

この船の本分は物資の輸送にあったが、それでは乗客を運ぶことを主目的とする船、すなわち旅客船の定期航路の始まりはどこにあるのだろうか。

それまで、河川など比較的短距離の移動に使われていた「渡し船」の次に登場したのが、蒸気船だ。江戸末期には、京浜間などで旅客を乗せて運航が始められた。日本に鉄道が誕生した時に蒸気機関車が「陸蒸気《おかじょうき》」の名で呼ばれたが、この言葉からもわかるとおり、すでにその頃には蒸気機関を搭載した船が、海上での活躍を始めていたのだ。

船の進化とともに航路が爆発的に増加

大小無数の島々がある瀬戸内海では、昔から渡し船などによる海上交通が盛んだった。時代が下り明治時代に入ると、貨物や旅客の輸送はより高速で大量の輸送ができる、蒸気船に代わられていった。

商船三井の前身である大阪商船は、瀬戸内の船主たちが出資して1884（明治17）年に誕生した会社だ。瀬戸内を中心として西日本で蒸気船による航路網を展開し、大きな成長を遂げた。

日本で初めてフェリーが航行したのは、1934（昭和9）年のこと。橋の代わりに人と物資を運ぶ船として位置付けられ、北九州の若松区と戸畑区を結ぶ、わずか600mほどの航路に就航した。

1960年代になると、モータリゼーションによる国内の自動車保有台数増加に伴い、日本全国に長距離のフェリー航路が次々と開設された。長距離フェリーは陸路のバイパスとしての役割を担い、1980（昭和55）年には全国で200以上のフェリー航路があっ

大阪商船創業当時の航路の１つである大阪尾道線に就航していた「康安丸」

た。

しかしその後、２度のオイルショックによる景気減速や燃料油の価格高騰が起きたため、経営は苦しくなりはじめる。２０００年代になると、本州四国連絡橋の開通などもあり、フェリー会社の統合や廃業が続くようになった。

岩崎弥太郎が手掛けた明治期の海運事業化

国外航路や長距離航路を担ってきた日本の代表的な海運業者は、日本郵船である。１８７０（明治３）年、東京〜大阪〜高知間で物資輸送を行うことを目的とした「九十九《つくも》商会」が立ち上げられた。創始者であり後の三菱財閥の初代総師である岩崎弥太郎は、同郷の坂本龍馬の影響を受けたといわれ、藩の運営から経営を学んだという。

1873（明治6）年には、九十九商会は2度めの社名変更を行い、名前を「三菱商会」に改めた。さらにその後「郵便汽船三菱会社」への社名変更が行われ、スリーダイヤとも呼ばれる三菱の社紋も作成された。

岩崎は日本政府の援助も受けて過酷な競争に勝ち、1877（明治10）年に勃発した西南戦争では軍事輸送を積極的に行って、業績の向上に結びつけている。1885（明治18）年には国内の競争相手であった共同運輸会社との合併を行い、「日本郵船会社」が誕生。日本のフラッグシップ・キャリアの位置づけを得ている。

1893（明治26）年には、日本郵船によってインド・ボンベイ（現・ムンバイ）への定期航路が開設された。これが日本初の海外への遠洋航路とされている。さらに1896（明治29）年にはベルギー・アントワープへの、同年には不定期ながらアメリカ・シアトルへの航路も開設された。シアトル航路は太平洋を横断する花形航路となり、1930（昭和5）年5月9日には、現在は横浜港に係留されている氷川丸が就航。同航路での氷川丸の活躍は、1960（昭和35）年まで続いた。

150年間にわたる努力の結晶 1000km航路の時短挑戦史！

小笠原航路

竹芝〜父島（東京都）

日本における小笠原諸島の歴史は、1593（文禄2）年に南海探検を行っていた武士・小笠原貞頼によって発見されたことに始まる。その後、欧米の捕鯨船に食料や物資を供給する目的で外国人が定住していたが、1876（明治9）年に日本政府が領有宣言を行い、小笠原諸島の開発に着手した。

開発には移民の輸送や関係者の往来、物資輸送のための航路の確保が必要だが、商業運航が難しいことから国の補助金による運航が計画された。そして、当時国内外の命令航路を引き受けていた郵便汽船三菱会社が起用された。

同年、第1便として12月22日に品川を出発したのが、1863（文久3）年英国製鉄製汽船の「太平丸」（750トン）だ。船は八丈島に寄港し、4泊5日で父島に到着した。乗下船はハシケを利用する「沖がかり」だった。

こうして諸島が東京府の管轄下に置かれる1880（明治13）年まで、郵便汽船三菱会社による汽船の運航が続く。1881（明治14）年からは東京風帆船会社や共同運輸会社が東京府からの命令航路を担ったが、予算の関係から汽船ではなく仏国製の木造帆船「秀郷丸」（348トン）などを主体にした運航となる。横浜から父島に向かう往航に10日、父島から品川への復航に5日と、汽船に比べて移動にかなりの日数が必要であり、定時性も損なわれた。これにより不都合を強いられた住民たちからの強い要望を受け、1887（明治20）年からは再び汽船が登場。1870（明治3）年英国製の鉄骨木皮汽船、1000馬力の「千年丸」（456トン）が三宅島、八丈島、鳥島に寄港して父島に到着し、さらに母島へ延航した。

新船就航のたびに速力がアップ

時代は進み、1899（明治32）年から1901（明治34）年10月まで、「住ノ江丸」（1320トン）が就航にあたり、小笠原航路に定着。そして、1912（大正元）年夏には父島へ3泊4日で到着できる「芝罘丸《チーフー》」（1934トン、のちに「芝園丸」と改名）が登場。横浜〜八丈島〜父島の航路を運航した。

終戦から23年もの時間を経て返還。同年の7月に父島にて撮影された一枚

1934（昭和9）年、八丈島に寄らない芝浦〜父島〜母島航路が開始された。就航にあたった「筑前丸」（2448トン）は、島までの日数を2泊3日に短縮した。ちなみに戦前には、聟島、妹島、姪島など、小笠原諸島の他の島々と父島・母島を結ぶ航路や、父島・母島経由でこれらの島々へ行く定期航路も存在していた。

戦後はさらなる輸送力向上と時短へ！

戦後、小笠原諸島はアメリカによる占領統治下に置かれることとなり、日本に返還されたのは1968（昭和43）年6月26日のことだった。島の復興は着々と進み、返還から4年後には小笠原海運の第1便「椿丸」（1016トン）が東京竹芝桟橋を出港し、戦前同様の民営による定期航路が復活。航海時間は44時間と、以前に比べて短縮された。同6月には父島の二見桟橋が完成し、3000トン級の船舶の着岸が可能に。翌年、小笠原海運は「椿丸」に代わる大型自社船「父島丸」（2616トン）を購入。航海速力14・5ノットで、東京〜父島の航海時間を38時間に短縮した。

そして1979（昭和54）年3月、ついに小笠原航路専用の旅客船が新造された。初代「おがさわら丸」（3540トン）だ。竹芝桟橋を出港すると、28時間で父島に到着。従来の38時間から一気に所要時間を短縮し、船中2泊を1泊にした。

平成に入るとさらなる高速化が求められ、2代目「おがさわら丸」が建造された。就航は平成9年（1997）。航海速力は22・5ノットで、片道の航海時間は従来から2時間半短縮され、25時間半となった。

ちなみに同時期、さらなる輸送速度向上のため、「テクノスーパーライナー」という高速船が旧運輸省により計画・建造された。小笠原航路にも就航する予定で、片道の所要時間を16時間30分まで大幅に短縮できるはずだったが、原油価格の高騰が生じ、運航が大赤

◆小笠原航路年表

1876（明治9）年12月	郵便汽船三菱会社の「太平丸」による定期航路の開設
1899(明治32)年5月11日	東京府知事と日本郵船の間で毎月1回運航する契約が結ばれる
1899(明治32)年	日本郵船の「住ノ江丸」が就航
1912(大正1)年	日本郵船の「芝罘丸」が就航
1915(大正4)年3月	日本郵船が小笠原航路から撤退し、代わりに「南洋汽船」が航路運営
1941(昭和16)年	太平洋戦争が開戦
1968(昭和43)年6月26日	小笠原諸島返還
1968(昭和43)年	小笠原航路再開に向けて日本郵船、東海汽船の両社で新会社設立を合意
1969(昭和44)年	「小笠原海運株式会社」設立「椿丸」「黒潮丸」「あじさい丸」などが就航
1979(昭和54)年4月2日	初代「おがさわら丸」就航
1997(平成9)年2月20日	２代目「おがさわら丸」就航
2016(平成28)年7月2日	３代目「おがさわら丸」就航

字になることが判明。支援を予定していた都や国が撤退したため、計画は白紙となってしまった。

２０１６（平成28）年、３代目「おがさわら丸」進水式が三菱重工下関造船所で行われた。総トン数は１万１０００トン、航海速力は23・８ノットで、東京〜父島の航海時間を片道約24時間で結ぶ。

小笠原への定期航路第１便として就航した「太平丸」では４泊５日必要とされた航海は、時代の流れとともに紆余曲折を経て、所要時間を５分の１まで短縮した。そこには技術の向上と、小笠原を往来する人々の願いが込められている。

戦火をくぐり抜けて新時代へ
柳原良平も愛した人気船「橘丸」

橘丸
伊豆諸島航路ほか

サントリー・トリスウイスキーのマスコットキャラクター「アンクルトリス」の生みの親である、イラストレーターの柳原良平《やなぎはらりょうへい》氏は、無類の船好きとしても知られていた。東海汽船名誉船長も務めたほどで、氏が『橘丸物語り』という本まで執筆するほどに愛してやまなかった「橘丸」は、伊豆航路の歴史を語るうえで外せない存在だ。

1923（大正12）年に初代（392トン）が就航すると、2カ月とたたぬうちに関東大震災が発生。不通になった東海道線に代わり、東京〜沼津〜清水間の臨時運航にあたり、災害時輸送としての使命を果たした。1928（昭和3）年からは、東京府知事による命令航路である東京〜大島〜熱海〜下田航路に就くことになる。この年、流行歌レコード第1号として発売された、『波浮《はぶ》の港』が大ヒットしたおかげで大島ブームが巻き起こり、大島〜下田航路の観光客が激増した。これにより、2代目「橘丸」の新造が計画されることになった。

絵本の体裁で橘丸の歴史や航跡を紹介。貴重な写真も沢山詰まった一冊『橘丸物語り』

当時の客船は「紅梅丸」（223トン）、「菊丸」（756トン）、「葵丸」（937トン）、「藤丸」（229トン）などで、東京を朝8時に出発し、大島岡田港に15時半に入港、その後に元村、野増《のまし》、波浮に寄って、翌々日早朝4時に東京に戻るというスケジュールで運航されていた。

1935（昭和10）年5月31日、2代目「橘丸」が完工。総トン数1780トン、全長76m、旅客定員1230名の大型客船で、完成後すぐ、造船所のある神戸から鳥羽、下田を経由して東京に回航された。数日後の初航海では朝日新聞が貸し切り、東京～大島～下田で堂々とした姿を披露した。夜明け前に大島に到着してしまい、沖合で日の出を待ち入港することになったというエピソードからも、並はずれた速さがうかがえる。流線型のスマートないでたちの「橘丸」は、瞬く間に伊豆大島航路の人気者となり、人々を魅了した。

しかし、1937（昭和12）年の盧溝橋《ろきょうこう》事件をきっかけに日華事変が勃発すると、戦争遂行のための国家統制が布かれるようになっていった。同年10月1日には臨時船舶管理法が実施され、海運界も戦時統制下に置かれることになる。

翌年、国家総動員法が公布されると「橘丸」は海軍徴用船となり、特設病院船として軍務に就いた。翌月、上海より700km上流の鄱陽湖《はようこ》にいるところを空襲され、左舷事務長室の下に長さ2mの大穴が開き沈没。約1カ月後、海軍に引き上げられ、復旧工事に回された。船の内も外も揚子江の泥だらけになっていたが、三菱神戸造船所で無事に復旧。日清汽船に傭船され上海～南京～漢口《はんこう》航路についていたが、大島航路の「葵丸」が座礁沈没をしたため、ふたたび東海汽船に戻って大島航路を走ることになった。

日本人向けの規格が功を奏し接収をまぬがれる

1944（昭和19）年、「橘丸」は純白の船体に赤十字を印した病院船に姿を変えていた。マニラ湾で停泊中の重巡洋艦「那智」への空襲に巻きこまれ被弾したものの、なんとか戦闘区域外に脱出。「那智」の沈没後は、乗組員の救助に当たった。

終戦直前の翌年7月25日、ジャカルタに停泊しているところにジャワ方面軍総司令部付参謀が訪れ、ビルマへの増援部隊輸送を依頼される。病院船での兵員輸送は国際法違反になるため、部隊全員が白衣を着て病人を装い、赤十字マークを入れた箱に弾薬を詰めて偽装をすることになった。

8月1日、ニューギニアのケイ諸島に入港すると、アメリカ海軍のPBY哨戒飛行艇が上空から偵察するなか、2400名の陸軍兵員と兵器を1日で積み込んだ。積み荷を偽装したが、喫水線の下がり具合に疑いを持ったアメリカ駆逐艦に追われ、臨検により違反が発覚。国際法違反により、「橘丸」は拿捕《だほ》された。6日、モロタイ島に入港すると、全員が捕虜収容所に連行される。その4日後の8月10日、日本の敗戦が決定したのだった。

流線型の美しい外観を気に入ったアメリカ軍は、「橘丸」を我が物にしようと考えたが、日本人の体格に合わせて設計されているため、船室の天井が低く使い勝手が悪いと日本に返却された。

戦後の引き揚げ輸送に使われた後、1950(昭和25)年4月、三菱神戸造船所で病院船から客船に戻る大改装が行われた。船体は黒色に塗られ、煙突には東海汽船のファンネルマークが入れられて、東京芝浦岸壁に入港。こうして「橘丸」は再び東海汽船の大島航路に戻ってきた。

そして、1969(昭和44)年に「かとれあ丸」、2年後に新造船「ふりいじあ丸」が

戦後も病院船装備のまま1950（昭和25）年まで引き揚げ輸送に使われた

完成。さらにその翌年「さるびあ丸」が竣工すると、古さが目立つようになった2代目「橘丸」はいよいよ引退を迎える。

時代は進み、2014（平成26）年6月に竣工された総トン数5700トンの大型貨客船が再び「橘丸」の名前を冠することになった。命名は東海汽船名誉船長である柳原良平氏の選定による。鮮やかなイエローとオリーブ色のツートンカラーの船体も柳原氏が手がけたものだ。3代目「橘丸」は、ディーゼル機関と電動アジマススラスターを組み合わせた新機軸のテクノロジーを搭載し、今日も東京～三宅島～御蔵島～八丈島航路を航行している。

◆橘丸のあゆみ

1934(昭和9)年10月	三菱重工神戸造船所で起工
1935(昭和10)年3月	神戸造船所で「橘丸」と命名され進水
同年5月	大島・下田航路に就航
1938(昭和13)年4月	帝国海軍に徴用され、輸送船となる
1938(昭和13)年7月	帝国陸軍に徴用され、呉鎮守府所管の「特設病院船」となる
1939(昭和14)年3月	徴用を解かれるも、日清汽船にチャーターに出され揚子江の上海～漢口間の定期運航
同年12月	大島・下田航路に復帰
1942(昭和17)年5月	再徴用され陸軍特設病院船となる
1945(昭和20)年8月	国際法に違反して病院船で部隊・武器を輸送し、米海軍に拿捕。終戦後は復員輸送に使われる
1946（昭和21）年4月	復員輸送のため博多へ回航
1947（昭和22）年	復員輸送で佐世保から台湾と沖縄へ往復
1950（昭和25）年5月	東海汽船に返還され大島航路に復帰
同年7月	納涼船運航を開始
1952（昭和27）年	大島の元村港（現・元町港）への着岸が可能に
1962（昭和37）年8月	三宅島噴火の避難輸送で活躍
1969（昭和44）年6月	「かとれあ丸」が竣工。フラッグシップの座を譲る
1973（昭和48）年1月	定期運航を終了し、引退
2014（平成26）年6月	「かめりあ丸」の代替船として「3代目橘丸」が就航

最難関は御蔵島・利島の港開発 就航率とのあくなき戦いは続く

東海汽船
竹芝〜利島・御蔵島
（東京都）

伊豆諸島は伊豆半島の南東、大小100あまりの島で構成される諸島である。人が定住する島は、大島・利島・新島・式根島・神津島・三宅島・御蔵島・八丈島・青ヶ島の9つある。

最も本州に近い大島は、伊豆諸島最大の島だ。その南には標高508mの三角形をした利島、世界有数のサーフィンのポイントとして知られる新島、「航空母艦」といわれる平坦な島影と入り組んだ海岸線が特徴的な式根島、中央に標高574・2mの天上山がそびえる神津島、活火山雄山を有する三宅島、ほぼ円形の御蔵島という順番で点々と並ぶ。さらに少し離れて、瓢箪型の八丈島、そこから南に67km離れて青ヶ島、という位置関係となっている。

周辺を流れる黒潮は、幅50〜100km、速度は7ノットにもなる。この立地と環境から風や波の影響を受けやすい。そのため、伊豆航路では着岸できず引き返したり、目的地の手前やその先に着岸したりと、目的の島にたどり着けないケースがままある。とくに港が1カ所しかない利島や御蔵島は、現在にいたるまで伊豆諸島で着岸が最難関とされている。

1981（昭和56）年に大型船が接岸できる港として整備された利島港は、非常に風や波の影響を受けやすく、冬場はどうしても欠航が多くなってしまう。高速ジェット船より大型客船の方が着岸に有利なようだが、それでも2017（平成29）年度の統計データによれば、就航率は利島で81・7％、御蔵島にいたっては65・7％にとどまる結果になっている。

そこで、1993（平成5）年から防波堤を兼ねた西岸壁の整備が進められている。現在は西岸壁に大型客船の暫定接岸が可能な状態だ。さらに、ジェット船の就航率向上を目指し、桟橋東側からも防波堤の建設が進められている。

一方、御蔵島は入江がなく、島唯一の港である御蔵島港にも防波堤がない。これが着岸が最難関と呼ばれる所以だが、1984（昭和59）年に岸壁が完成して以降、長く手つかずのままだった。しかし、近年は大型船の就航率向上を目指し、新たな岸壁の整備が進められている。

2014（平成 26）年に就航した、総トン数 5681 トンの 3 代目橘丸

最新テクノロジーが就航率を変える!?

総面積が4・12㎢の利島は、外周約8㎞の小さな島である。周囲は切り立った断崖とゴツゴツとした石に囲まれている。島への入り口は、北に位置する利島港と利島桟橋のみ。外海の影響を受けやすく、入港が難しいといわれる港への対策として、桟橋が建築された。先に西側が完成し、東側にもう1本、Uの字を描くように平行に建築されている。

一方の御蔵島は、東西に5㎞、南北に5・5㎞の円形をしており、周囲は高さ100～480mに及ぶ断崖に囲まれている。お椀を伏せたような形で、島唯一の港である御蔵島港は北西に位置する。桟橋も北西に向かって延びているため、西～北西の風があると着岸しにくくなるという。

また、両港とも高速ジェット船よりも大型客船の方が着岸しやすい。2002(平成14)年にはジェット船の就航率がかんばしくない利島対策として、下田航路「あぜりあ丸」を延航させるなど、航路を運営する東海汽船などでも対策がとられている。

合わせて、船の構造や搭載するテクノロジーも進化させることで、接岸を補佐している。2014(平成26)年から就航している3代目「橘丸」ではアジマススラスター(船を一カ所にとどめる推進器)とディーゼル推進のハイブリッド、そして二重の反転プロペラなどを採用した東海汽船初の新機軸技術により、スムーズな接岸や省エネ航行を可能とした。

着岸が困難とされる利島や御蔵島の入港に関しては、天候が重要な要素を占めるが、同時にベテラン船長の腕の見せどころでもある。現在のところデータとしては明らかにされていないが、長年の業務で培った経験値や勘なども重要になるからだ。しかしその一方でテクノロジーの進化が、今後ベテラン勢と経験の浅い船長との差を埋めてゆくことも間違いないだろう。

利島港では小型船施設が整備され、防波堤機能を備えた岸壁の整備も進んでいる
写真：東京都港湾局

御蔵島港でも防波堤の整備が進んでいるが、まだ十分な静音性ではない　写真：東京都港湾局

列車を船に積みこみ対岸へ！
今はなき鉄道連絡船の90年史

鉄道連絡船。今ではほとんど耳にすることはないが、昭和の時代には本州と北海道、本州と四国の間に、多数の鉄道連絡船が運航され、鉄道を利用して遠くに旅に出る時の必需品となっていた。

鉄道連絡船とは、海、広大な湖などによって分断された区間で、鉄道と鉄道を結ぶために開設された航路あるいは船のこと。日本で初めて鉄道連絡船が運航されたのは、実は海ではなく湖だった。

1882（明治15）年3月10日に琵琶湖で運航が始まったのが、日本で初めての鉄道連絡船で、琵琶湖北岸に面した長浜駅と、南岸に面した大津駅を結んでいた。大津駅は、現在の京阪電気鉄道びわ湖浜大津駅のある場所に設けられ、京都方面へ延びる鉄道のターミナルとなっていた。長浜駅は同日に開通した、北陸方面へ延びる鉄道のターミナルでもあった。

この当時はまだ、琵琶湖沿岸の鉄道が建設の途上にあり、鉄道が開通するまでの間は琵琶湖上に汽船を走らせて、2つのターミナル駅を繋いでいた。長浜駅と大津駅間は、片道に4時間を要した。ずいぶんとのんびりしたペースのように思えるが、当時の水運は唯一ともいえる大量輸送が可能な交通機関であり、たとえ時間がかかろうと、船便に頼れる区間については、鉄道の建設が後回しにされたのだ。

汽船による琵琶湖の鉄道連絡は、最後に残されていた琵琶湖東岸の線路が開通して、東海道本線が全通した1889(明治22)年7月1日に終了している。

原点は明治時代までさかのぼる

鉄道連絡船では、機関車と貨車などの鉄道車両を船に載せて対岸まで運ぶ、「車両航送」も行われた。積荷を車両から降ろすことなく運ぶことができるため、鉄道連絡船の大きなアドバンテージであった。国鉄の青函連絡船、宇高連絡船では、晩年まで車両航送が行なわれ、桟橋に延びた線路を経て、車両が船に積み込まれる作業を駅のホームから眺めることができた。

日本の鉄道連絡船における車両航送は、1911(明治44)年3月1日から試験的な運用が始められた。場所は下関と門司・小森江の間。艀に7トン積の小さな貨車を3両搭載し、これを3隻繋いで蒸気船で運搬する方式が採用された。この航送は下関に住む荷役業者が私財を投じて開始され、試用結果は良好だったため、後に国鉄(当時は鉄道院を名乗っていた)によって正式採用されている。車両航送の成功は、鉄道連絡船の利便性を大いに高めた。関門間を結ぶ鉄道連絡船は1964(昭和39)年11月1日に廃止となるが、今も下関駅近くに建つ商業ビルの、ファーストフード店が入居する一画の壁に「車両航送発祥の地」と刻まれたプレートが埋め込まれている。

旅人たちに愛された二大連絡船

国鉄が運航した鉄道連絡船で最も多くの旅行者に親しまれたのは、岡山県の宇野と香川県の高松を結ぶ宇高連絡船と、青森と函館を結ぶ青函連絡船だろう。

本州と四国を結ぶ幹線という位置づけで宇野線が開業したのは、1910(明治43)年6月12日のこと。この鉄道の延伸と同時に、宇野〜高松間の航路が開設された。当初の所

◆琵琶湖の鉄道連絡船

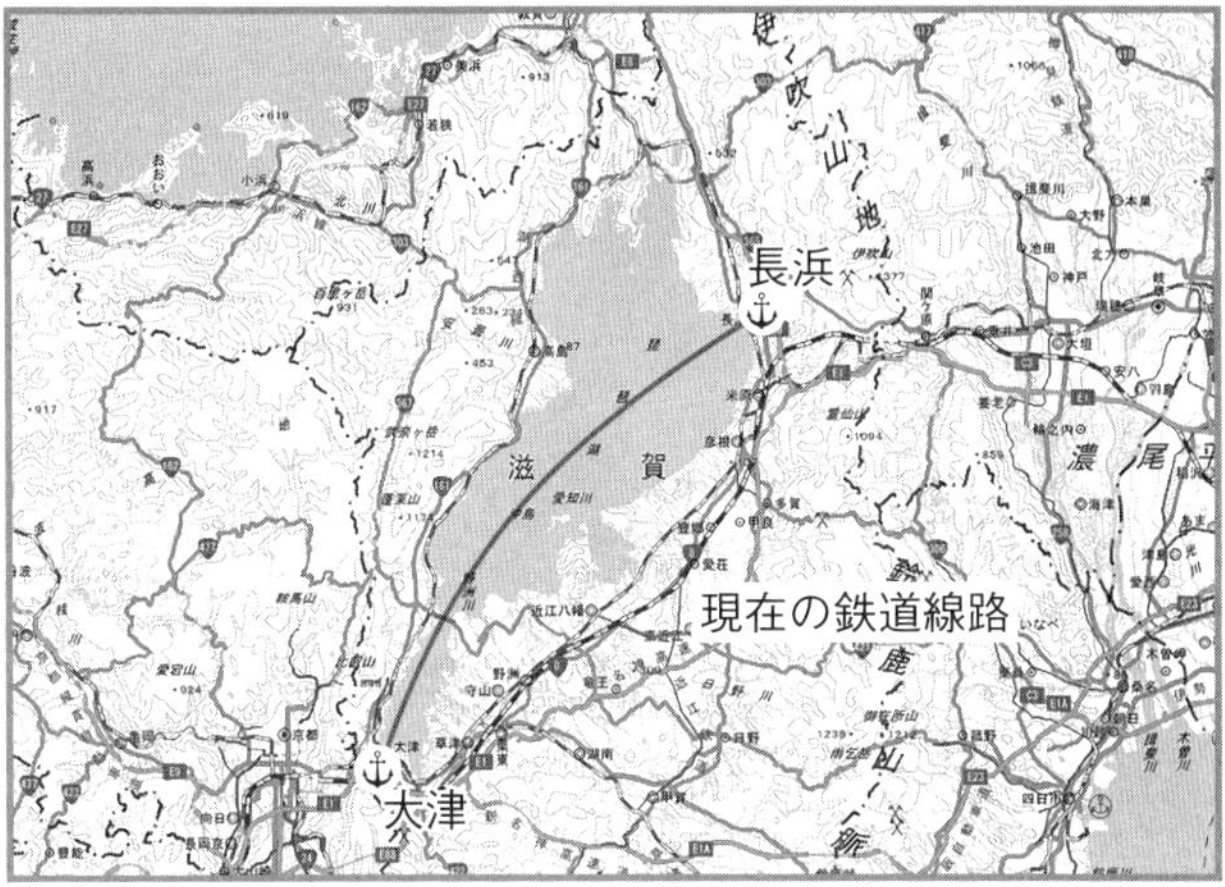

要時間は、1時間〜1時間25分。1日4往復という設定だったが、もとより明治時代の輸送需要はそれくらいのものだった。宇野線は延長32・8kmのローカル線で、宇高航路が活況を呈していた頃には、宇野駅まで東京発の寝台特急「瀬戸」などが乗り入れていた。宇高連絡船は瀬戸大橋の開通によって、1988（昭和63）年4月9日の運航を最後に廃止されている。

　青函連絡船は1908（明治41）年3月7日に、帝国鉄道庁（後の国鉄）による運航が開始された。開業と同時に新鋭船で運航され、青森〜函館間の所要時間はおよそ4時間。この数字は青函連絡船が廃止されるまでの80年もの間、大きく変わることはなかっ

高松城の別名玉藻城に由来する宇高連絡船の「玉藻丸」が高松港に入港する様子

た。
国鉄からJRに引き継がれた青函連絡船の最終運航がなされたのは、1988（昭和63）年3月13日のことだ。廃止は青函トンネルの開業によるものだった。青函連絡船の最晩年まで運航を続けた船は、八甲田丸、羊蹄丸、大雪丸、摩周丸、十和田丸、石狩丸、檜山丸、空知丸の8隻。それぞれに異なるシンボルマークをつけ、どの船に乗ることになるのかも、桟橋に到着した旅行者の楽しみとなっていた。
今日では八甲田丸が青森港に、十和田丸が函館港に係留され、それぞれフローティングパビリオンとして親しまれ、内部の見学もできるようになっている。

島民自ら作り出した航路の波乱万丈すぎる一世紀

佐渡汽船
新潟～佐渡航路（新潟県）

新潟県沖の日本海に浮かぶ、日本最大の離島・佐渡島。佐渡金山や国際保護鳥のトキの繁殖で広く知られるが、金山や江戸時代の北前船がもたらした人的・物的交流によって、東西が入り混じった独自の文化が花開いた島でもある。

現在は全島が佐渡市となり、5万5000人が暮らすこの島を本土とつなぎ、島の経済や生活を支えているのが、佐渡汽船の航路だ。現在、新潟港～両津《りょうつ》港、寺泊《てらどまり》港～赤泊《あかどまり》港、そして直江津《なおえつ》港～小木《おぎ》港の3航路を運航している。なかでも、新潟～両津間は水中翼船のジェットフォイル（14ページ参照）も多数運航されるなど、離島航路としては船舶・設備面でも充実した航路だ。

現在、佐渡汽船が運航する航路の歴史は、1869（明治2）年に新潟港が開港した後、1871（明治4）年に政府が新潟港と夷港《えびすこう》（現在の両津港）を、「新潟丸」という日本初の鉄製汽船で結んだのが始まりとされる。しかし、これは外国人の旅客や貨物を運搬するためのもので、一般人が利用することはできなかった。その一方で島民向けには同時期、たびたび有志による小型の船の運航が行われていたが、どれも小規模で長続きしなかったという。

転機は1885（明治18）年。「佐渡の航路は島民が自ら手掛けなければならない」という認識が島民の間でより広がり、本格的な汽船を運航するため、有志が「越佐汽船」という会社を設立。同年「度津丸《わたつまる》」を運航し、島民の念願は叶ったかに思えた。

島民の手で生み出された越佐汽船は、運営が軌道に乗ると、航路を拡大・独占するなど、横柄な経営姿勢をとるようになってしまったのだ。本社も新潟に移転するなど、佐渡から決別姿勢をとるようにもなった。

これに対し、島民も負けじと「航路を再び取り戻そう」という動きが活発化。合資会社の「佐渡汽船商会」を発足させた。その後さらに、全島民が出資した「佐渡商船株式会社」に1913（大正2）年衣替えした。加えて、小木や赤泊といった佐渡海峡沿いの地域からの航路が軽視され、不便だったことから、これらの航路を運航する「越佐商船株式会社」を1927（昭和2）年設立。こうした長い戦いを経て、「島民自らの手」による航路の歴史が始まったのだ。

1932（昭和7）年から1965（昭和40）年まで就航した初代「おけさ丸」

過当競争が廃止の危機を招く

こうして、3社競合体制となった佐渡航路だが、次第に運賃の過度な値下げ競争など、泥仕合に陥った結果、各社の経営が悪化。これでは佐渡への航路が「共倒れ」になりかねないとの懸念から、生活航路を守るため、ついに事態の収拾に新潟県が動き出す結果となった。新潟県は当初、航路の県営化を画策したようだが、最終的には1932（昭和7）年、佐渡商船を継承会社とし、県が半額出資した新会社を設立する形に落ち着いた。これが、現在に至る「佐渡汽船」の始まりだ。また、その年「初代おけさ丸」が就航した。

佐渡汽船発足後は、競合が解消した余裕を観光開発に投入した。高度経済成長の時代には、日本海側では初となるカーフェリーを導入し、その後も大型化が積極的に進められたほか、1977（昭和52）年、日本初の超高速船・ジェットフォイル「おけさ」を導入。1981（昭和56）年には、新潟港に現在の万代島《ばんだいじま》ターミナルが竣工し、発着場を移転するなど、新しい時代に対応した動きが着々と進んだ。

100年航路の未来は――

しかし、1990年代になると、佐渡の人口減少、さらに観光客の減少とともに、経営が徐々に悪化していった。本土の寺泊港と佐渡の赤泊港を結ぶ通称「両泊航路」は佐渡への3航路の中では最短距離だが、どちらも主要な港ではないため需要が少なく、特に経営が厳しい航路だ。

航路の存続のため、佐渡汽船は2005（平成17）年、抜本的なコスト削減策として、従来のカーフェリーを売却して高速船に置き換えた。同航路は高速船への置き換えにより、従来の2時間から1時間強で結ばれたのだが、一方で運賃は値上がりし、従来可能

◆佐渡汽船航路図

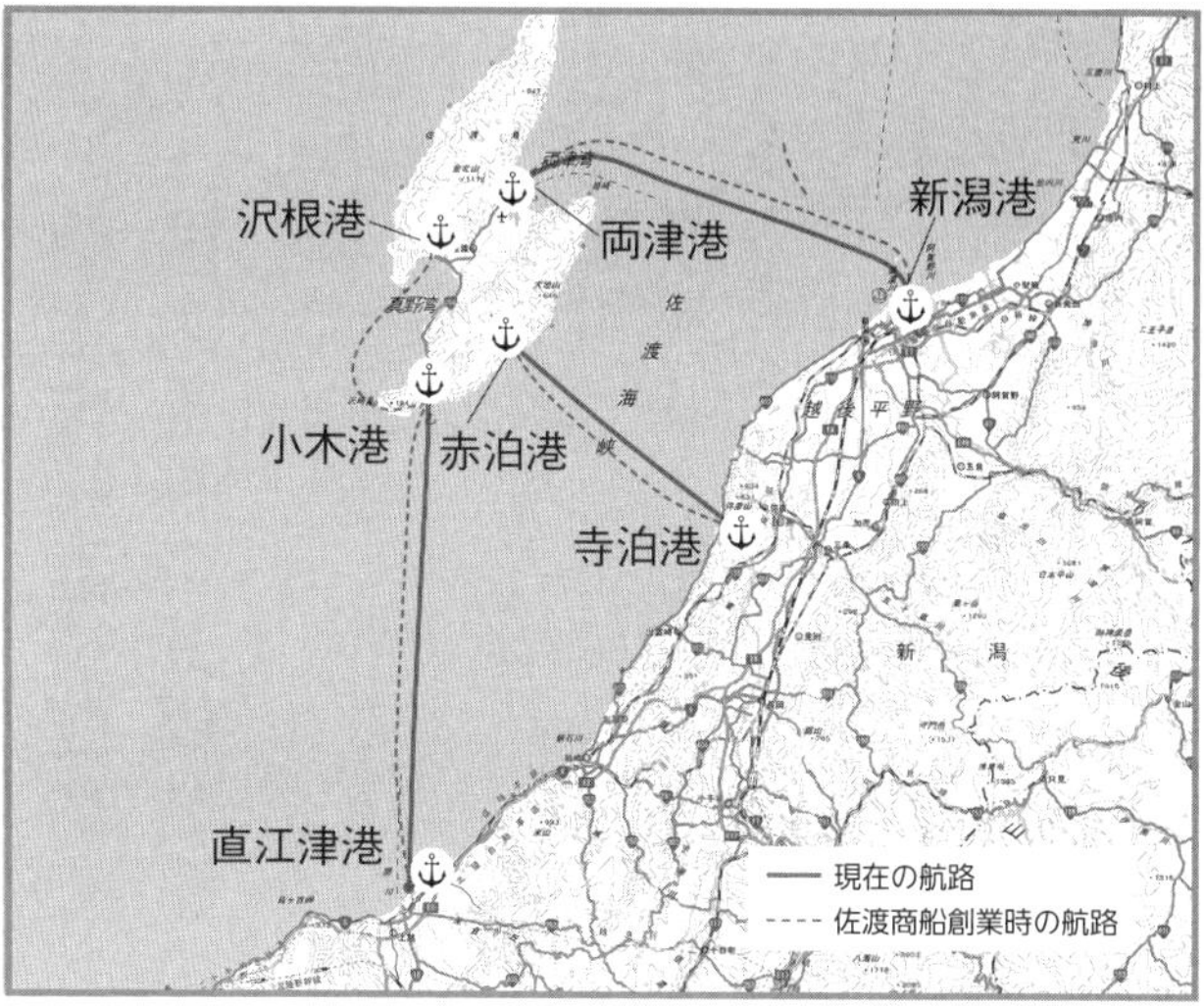

だった自動車の航送ができなくなってしまう。

そして、ついに2017（平成29）年、佐渡汽船は両泊航路からの撤退方針を発表した。当然ながら、関係自治体からの反発も大きく、さしあたり2018（平成30）年度も運航されることになったが、運航期間は5月から10月の週末中心と、大幅に縮小されている。

最近は苦境が続くが、新潟～両津には新型カーフェリー、直江津～小木航路には北陸新幹線からの観光客誘客を図り、高速カーフェリーを導入するなど、明るい話題も見られる。

明治維新直後に早くも開設
国内最長の沖縄航路の百数十年をたどる

沖縄と本土を結ぶ航路は、中国や東南アジアとの交易の中継地点として、古くから栄えていた。明治時代に入ると、1875（明治8）年には明治政府の命を受けて、郵便汽船三菱会社（のちの日本郵船）が東京～大阪～鹿児島～奄美～那覇の琉球航路を開設した。1885（明治18）年には、大阪商船が大阪～沖縄航路を開設。本土～沖縄の航路は日本郵船、大阪商船、地元の沖縄広運、沖縄親睦会の4社が競合するようになったため、間もなく協定を結ぶこととなる。しかし、1891（明治24）年に日本郵船が撤退すると、地元2社も後に続き、それ以後は大阪商船の独占状態が続くこととなった。

時は過ぎ、1941（昭和16）年12月に太平洋戦争が勃発すると、次第に輸送力は低下してゆく。終戦後はGHQの命令により、本土～奄美～沖縄航路の運航が禁じられた。再開するのは1950（昭和25）年のことである。三井船舶の「十勝山丸」が横浜～沖縄航路を再開させると、大阪商船、中川海運、日本海汽船、山下汽船、関西汽船が相次いで参入。朝鮮戦争の開戦によって、米軍向け物資輸送の需要が高まったためだ。沖縄側では、1950（昭和25）年に琉球海運が設立。「那覇丸」は初めて鹿児島〜沖縄航路を24時間にまで短縮し、好評を博すようになる。本土側の船会社は次々と撤廃に追い込まれ、琉球海運の独占航路となった。

フェリーの需要が高まり競争が激化

奄美諸島が日本に復帰した1953（昭和28）年、奄美大島に拠点を置く有村商事が海運事業部門を独立させる形で、大島運輸（現・マルエーフェリー）を設立。政府から多額の融資を得て、新船を次々と建造した。鹿児島〜沖縄航路を開設し、1958（昭和33）年には「あけぼの丸」で鹿児島〜奄美〜沖縄間の貨客輸送を開始、1962（昭和37）年には大型貨客船「波之上丸」が東京〜鹿児島〜名瀬〜那覇間の航路に就航した。

一方で、琉球海運は、復興融資を受ける大島運輸との間で、不利な競争を強いられることになる。その中で1963（昭和38）年に、大型造船「ひめゆり丸」を鹿児島〜沖縄航路に投入し、1965（昭和40）年5月には東京・横浜〜大阪・神戸〜那覇間の定期貨物航路も開始するなどして勝負を挑んだ。

１９６０年代になると、国内の自動車保有台数の増加に伴って、フェリーの需要は一気に高まり、沖縄をめぐる過当競争もいっそう激化していく。１９６５（昭和40）年、日本政府と琉球政府は琉球海運、有村産業、沖縄汽船の３社に、沖縄共同ラインとして運航するよう指導した。３社の間では新規航路の開設順位をめぐる対立もあったが、同時期に開設することで決着する。

１９７２（昭和47）年の沖縄の本土復帰が決定した頃には、貨物の輸送量が増えると同時に、観光客や修学旅行生が増加。沖縄からの集団就職や遺族会などの団体利用も増えた。各船会社は豪華な施設を持つ貨客船を就航させ、旅客獲得競争を繰り広げてゆく。

まず、大島運輸は１９７１（昭和46）年12月に「さくら丸」を使用して、東京～志布志～名瀬～那覇間の一般旅客航路を開始。１９７３年（昭和48）年には「新さくら丸」を投入し、生活物資の輸送や離島住民の移動に活用され、海上輸送機関として一翼を担った。

そんななか、琉球海運は１９７５（昭和50）年４月の沖縄海洋博覧会の開幕に向け、「だいやもんどおきなわ」をはじめ５隻の新造船を投入した。しかし思ったほど海洋博の来場者は伸びず、会社経営が行き詰まり、翌年10月に経営破綻に至ってしまう。

現在鹿児島〜沖縄航路に就いている「フェリー波之上」　写真：にらいかない

航空会社の台頭で運航休止に

琉球海運は会社再建を目指し、在来型の貨客船を売却して、トレーラーなどを収容できる貨物重視の「RORO船」へのシフトを図った。貨物輸送に力を置きながらも、1981（昭和56）年4月に「さんしゃいんおきなわ」が、1988（昭和63）年1月に「かりゆしおきなわ」が東京航路にあてられ、旅客輸送も行っていた。

大島運輸でも1980（昭和55）年5月、新造のRORO船「波之上丸」3代目が東京〜奄美〜那覇航路に就航。競合2社は運輸省の指導の下、1982（昭和57）年から東京航路の共同運航を開始した。1986（昭和

◆戦後の沖縄航路

1950(昭和25)年	琉球海運、有村産業設立
同年4月	三井船舶が横浜～沖縄航路を開始
1952(昭和27)年2月	琉球海運の鹿児島～沖縄航路開設
1953(昭和28)年12月	大島運輸（現マルエーフェリー）が設立
1954(昭和29)年7月	琉球海運の「那覇丸」が鹿児島～沖縄に就航
1957(昭和32)年8月	大島運輸が鹿児島～沖縄航路を開設
1963(昭和38)年5月	大島運輸が東京～沖縄航路を開設
1967(昭和42)年7月	琉球海運が東京～沖縄航路を開設
1974(昭和49)年11月	有村産業が大阪～沖縄航路を開設
2005(平成17)年6月	大島運輸がマルエーフェリーに社名変更
2006(平成18)年9月	琉球海運が旅客輸送から撤退
2010(平成22)年12月	有村産業が倒産
2014(平成26)年12月	マルエーフェリーが東京～沖縄航路を休止

61）年7月には「波之上丸」を新造「ありあけ」が代替したが、昭和50年代初めまで1200名以上だった旅客定員は、「波之上丸」では812名、「ありあけ」では472名と減っていた。

その後、時間のかかるフェリーでの移動は敬遠されるようになり、琉球海運の東京～那覇航路は、一足早く2001（平成13）年で旅客輸送を廃止。2006（平成18）年には全航路から旅客輸送を取り止めた。

大島運輸は、「ありあけ」を1995（平成7）年8月に新造して代替。「ありあけ」は2009（平成21）年11月に座礁転覆事故を起こして廃船となり、一時東京～沖縄航路が休止されてしまった。しかし、翌年3月には倒産した有村産業の「クルーズフェリー飛龍21」を購入し、東京〜志布志〜名瀬（奄美）〜与論〜沖縄間の航路を復活させた。この船はもともと国際航路に使用されていた大型フェリーで、豪華設備が揃っているにも関わらず、貨物を重視したため旅客定員はわずか92名だった。その後、総距離1743km、乗船時間は下りが約50時間、上りが約47時間30分と、フェリーの日本最長航路として運航。しかし、離島への航空路線の新規参入や、格安航空会社の低価格運賃により乗船客は激減し、さらに燃料価格の高騰なども追い打ちとなって、2014（平成26）年12月に運航が休止された。1970年代の最盛期には年間で延べ2万人の利用者がいたが、2013（平成25）年度は1760人にまで減少していたという。

現在、RORO型貨物船「琉球エキスプレス2」を新造して東京〜志布志〜沖縄間に投入し、貨物輸送は運航を継続している。旅客輸送は阪神（神戸・大阪）〜奄美群島〜沖縄航路も2017（平成29）年10月で休止。現在は本州と沖縄を結ぶ旅客航路は全廃され、鹿児島〜奄美群島〜沖縄航路のフェリーのみが残されている。これにより、日本で最も長い航路は、太平洋フェリーが運航する1330kmの苫小牧〜仙台〜名古屋航路となった。

世界の旅客船③

(c)Trym.Ivar.Bergsmo

オーロラの下をゆく「世界一美しい定期航路」

ノルウェー(ベルゲン〜キルケネス)

ノルウェーの北大西洋沿岸に位置するベルゲンからキルケネス間およそ2400kmを、34の港に寄港しながら12日かけて往復している「フッティルーテン」。厳しい自然環境にある沿岸の諸都市に物資を届けるため、125年以上前に開通した定期航路で、1日1便運航している。今なお物資輸送船としての役割が強く、冬季は雪に閉ざされる道路に代わり、住民たちの重要な交通手段として重宝されている。

船は「フィヨルド」が連なる絶景の中を進む。フィヨルドとは長い年月をかけて氷河に侵食された複雑な地形や入り江のこと。航路上には海抜1000mに及ぶ崖が連なり、最深部は海面下700m以上になる箇所もあるという。美しく穏やかな海から屹立するその姿には多くの伝説が残されており、神秘的な雰囲気と相まって見る者に感動を与える。

また、航路の半分が北極圏のため、秋から冬にかけては北極圏に入れば毎日がオーロラを見られるチャンス。街の灯りが届かない真っ暗な夜の海は、オーロラ観測に最適だ。オーロラが出現した場合は、船内放送で知らせてくれるので、酷寒の中で待ち続ける必要もない。

北極圏でしか出会えない大自然の奇跡を目の当たりにできる、世界一美しい航路だ。

第5章

国境越えの衝撃航路

日本&ロシアのさいはてを繋ぐ 戦前ルーツの国境越え航路

北海道サハリン航路

稚内～コルサコフ
（北海道～ロシア）

日本と外国を結ぶ国際的航路は数少なく、現在はロシア、韓国、中国との間で各数路線が就航しているのみ。そのうちロシアとを結んでいるのは、DBSクルーズフェリーが運航する境港《さかいみなと》～東海《トンへ》～ウラジオストクの航路（159ページ参照）と、稚内《わっかない》～コルサコフ航路の2航路だ。後者は日本側の代理店「北海道サハリン航路」と、ロシアの「サハリン海洋汽船（SASCO）」の共同運航で、例年8～9月の夏季限定で週2～3往復運航している。

航路自体の歴史は長く、1923（大正12）年までさかのぼる。この年、稚内駅と、樺《から》太《ふと》の大泊《おおどまり》港駅とを結ぶ鉄道連絡船「稚泊連絡船《ちはくれんらくせん》」が鉄道省により開設された。当時は、北緯50度以南の南樺太は日本の領有下にあり、輸送手段が必要だったのだ。しかしその後、太平洋戦争終結間際の1945（昭和20）年、ソ連による南樺太侵攻・占領により、航路は事実上消滅。ソ連崩壊後しばらく経ってからの1995（平成7）年に、ロシア船の

初の稚泊航路専用船である亜庭丸《あにわまる》が稚内桟橋駅付近に接岸する

「イーゴリ・ファルフトジノフ号」が就航するまで、稚内～コルサコフ間の定期航路は実に半世紀の間も存在しなかった。

しかし、1997（平成9）年にはその定期航路も中止となり、1999（平成11）年からは日本船の「アインス宗谷《そうや》」により航路が再開した。約16年間続いたが、これも貨物取り扱い量や利用客の低迷から2015（平成27）年には撤退してしまった。

頼みの綱の補助金が運航をめぐり二転三転

そして、2016（平成28）年からは、ロシアのSASCO社が運航主体、北海道サハリン航路株式会社が日本側総代理店として航路が新たに開設された。日ロ両国がそれぞれ補助金を出しての運航だ。

そんな紆余曲折を経て開設された現航路だが、2018（平成30）年の運航は非常に特殊だった。同年3月時点では、前年までと同様に運航する見込みだったのだが、5月になると、「今季の運航を取り止める」との発表があったのだ。北海道サハリン航路いわく、ロシア側の行政の補助金に関する手続きが大幅に遅れ、その後行う予定だった稚内市の予算の承認が間に合わなくなってしまったため、とのことだった。

しかし6月には一転、「運航する」との発表があった。なんと、2018（平成30）年度のみの特別措置として、経費をロシア側が全額負担することで運航が決定したのだ。この航路の主なターゲットはロシア人観光客であること、そして同年からコルサコフ滞在のためのビザが緩和され、観光旅行のハードルが低くなったことなどから、航路の存続にはサハリン州の強い意向があった。

近年の就航率は80％前後

船舶は定員80名とやや小型の「ペンギン33」で、その乗客のうち約6～7割はロシア人

コルサコフの港に到着するペンギン33。2016（平成28）年から就航している小型船だ
写真：稚内市サハリン事務所

となっている。約4時間半と短い船旅で、船内には自販機や売店などはない。以前、大きな船で運航されていた当時は、売店でアルコール類を買えたり弁当が配られたりしたという。

ただ、船でしか味わえないような旅の経験もある。稚内とサハリン南端は60㎞ほどしか離れておらず、天気にもよるが、出航してから30分～1時間ほどで左手にサハリンの陸地が見え、どんどん近づいてくる。「異国の地に徐々に近づいている」という感覚が大きいのは、やはり飛行機よりも船だといえるだろう。

しかし、小型の船での宗谷海峡越えはなかなか難しく、海が荒れると欠航が出てしまう

270 トンの小型船のため、宗谷海峡越えではかなりの揺れがある
写真：稚内市サハリン事務所

こともある。2017（平成29）年は約3カ月間で39往復78便の予定だったが、実際は10便が欠航し、就航率は約87％となった。2018（平成30）年の運航も、6便が欠航し、最終的な就航率は80％という結果になった。

そのような問題や、稚内とサハリンという日ロ両国の「さいはて」同士を結ぶという条件などから、採算性の面ではまだまだ課題も多い。しかし、航路を存続させること自体は両国にとって重要なことだろう。2018（平成30）年10月現在では、まだ2019年度の運航の詳細については未定となっている。

鳥取から凍てついたロシアへ 韓国も経由する衝撃&絶景航路

イースタンドリーム号

境港〜東海〜ウラジオストク
（鳥取県〜韓国〜ロシア）

日本から同じ航路で2カ国に行ける唯一の航路が、韓国の海運会社「DBSクルーズフェリー」が運航する「イースタンドリーム号」だ。日本の発着港は鳥取県の境港で、韓国東海岸の東海《トンヘ》を経由し、ロシア沿海地方の州都であるウラジオストクまでを結ぶ国際定期旅客船である。2009（平成21）年6月から就航しており、2018（平成30）年8月現在、週1便が運航されている。

通常運行期の往路は、境港を土曜の19時に出港し、東海には日曜の9時30分に着き14時に出航。ウラジオストクには月曜の14時に到着する。復路はウラジオストクを水曜の14時に出て、東海には木曜の11時に着き17時30分に出航、境港には金曜の9時に到着というスケジュールだ。往復ともこのフェリーを利用するなら、ウラジオストクに丸2日間ほど滞在でき、トータルで約1週間の旅となる（冬季は変更あり）。

ウラジオストクには、飛行機だと成田空港から2時間半、関西空港からは2時間ほどで

◆イースタンドリーム号の航路と日程

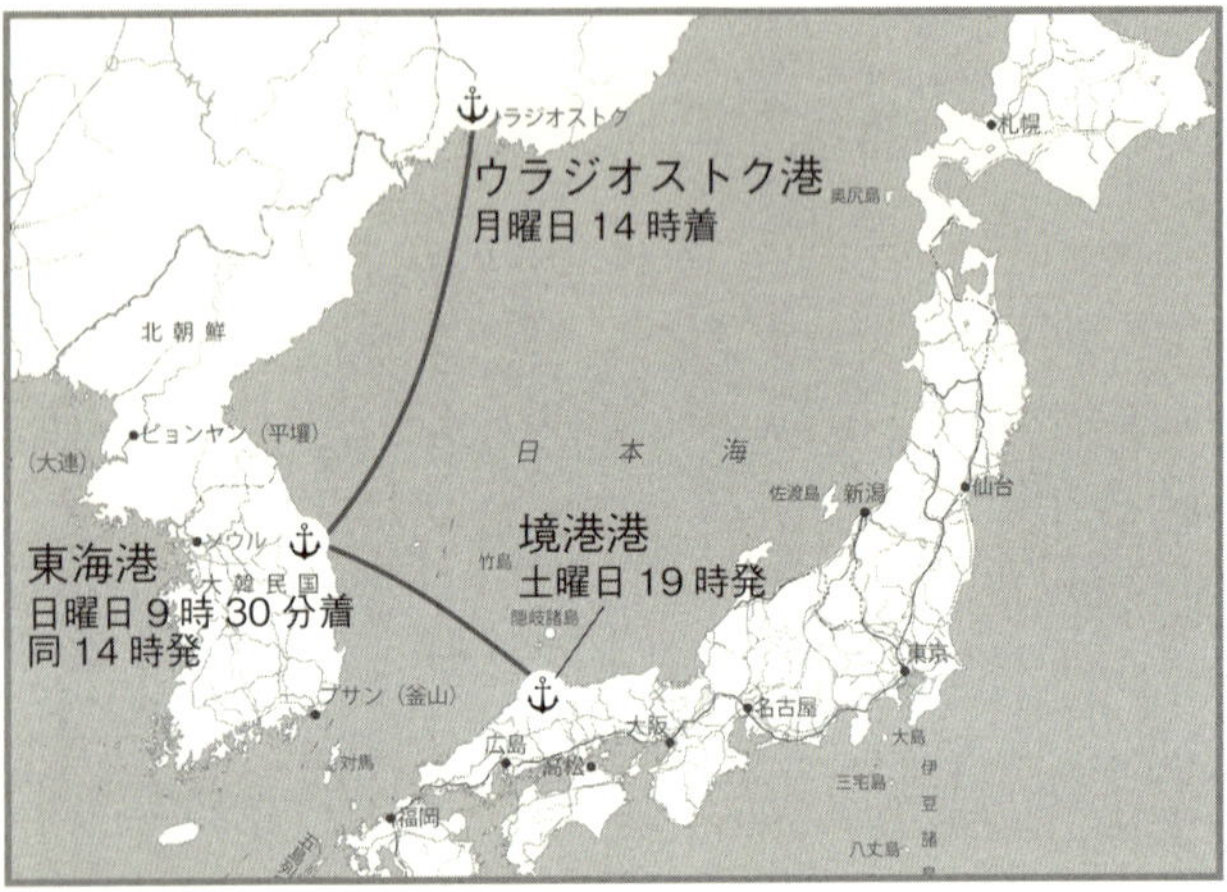

行けるが、このフェリーではおよそ36時間。だが、運賃は最も安いエコノミークラスなら片道2万6000円。成田空港からウラジオストクへの直行便は曜日などにより約2万2000～4万円と変動するので、飛行機と比べて安くなる場合がある。出航の2時間前までにチェックインを済ませるよう指示があるものの、乗船手続きは簡単で、手荷物のチェックも金属探知機もないことに驚くかもしれない。

船内はまるでリトル韓国

「イースタンドリーム号」は、2008（平成20）年12月まで鹿児島～奄美各島～沖縄を運航していた「クイーンコーラル号」を改装した船だ。エコノミータイプの客室には、2段ベッドのほか、床にマットを敷いて寝るフロアもあり、その上にはセカンド、ファースト、ジュニアスイート、ロイヤルスイート、プレジデントとランク分けされた、6つのクラスの客室がある。

乗客のおよそ8割は韓国人で、その多くは東海から日本の山陰地方の観光を目的に利用している。スタッフもほとんどが韓国人で、船内放送もたいてい韓国語だが、英語か片言の日本語も通じるので、特に困ることはない。

食事もキムチや唐辛子たっぷりの真っ赤なスープなど、基本的にすべて韓国料理。レストランのほか、船内にはバーもあり、チゲなど食事メニューも豊富だ。レストランは営業時間が朝昼夜各1時間ずつと限られているが、バーは6時30分から23時40分まで通し営業しており、食事のほか、韓国のビールや各種カクテル、その他コーヒーや炭酸飲料なども提供している。

しかし、食事の際は注意が必要。この船、海の荒れ具合によって、相当に揺れることがあるのだ。揺れに慣れないと、ひどい時はまっすぐ歩けなかったり、転倒してしまうことも。特に冬の時期の日本海では季節風が強く、時化もある。揺れは数時間もすればおさま

バーで食べられる、真っ赤な「ツナのチゲ」は1万5000ウォン

ることが多いが、その間はベッドで横になっているのがよいだろう。強さによっては船内のコンビニエンスストアの商品が落ちてきたり、浴場では湯船のお湯が揺れによって海のように激しく波打ったりすることもあるという。

シーズンオフ便の楽しみは真冬にしか見られない絶景

往路復路とも2日目に寄港する東海では、そのままフェリーに残っているか、下船するかを選べる。下船して韓国に入国する際の審査は厳しめで、フェリーターミナルでは指紋の採取と顔写真の撮影がある。そのほか身体・荷物検査もあり、問題がなければ入国と

船の後ろを見ると、氷をかき分けて進んだ跡がある

なる。

韓国の東海岸にある東海の滞在時間は2時間強ほどで、観光するような時間はない。日本と韓国に時差はないが、東海を出た翌朝には、船内は1時間早いウラジオストク時間に変わっている。

ウラジオストク港は、第二次世界大戦後は長らく閉鎖軍港として立ち入りが禁止されていたが、1992（平成4）年にようやく対外的に開放された。現在、ロシアでは改めて極東地域の開発に力を入れており、ウラジオストクはその中心となっている。近年では「日本から一番近いヨーロッパ」として人気を集めており、電子ビザの導入によりビザ手続きが簡素化したことも手伝って、日本人観

ウラジオストク港近くではデッキから凍りついた海を見られる

光客が急増している。

　ウラジオストクの観光のベストシーズンといわれているのは8～10月ごろだが、この航路はぜひ真冬に乗ってみたい。ウラジオストク港は不凍港として知られているが、実は厳冬期には港周辺一帯の海は凍り付いてしまうのだ。港に近づくと海がまだらに凍っているのが見え始め、そのうち一面が銀世界へと変貌する。四方が凍てついた海を分け入るようにして進む船から見る光景は、まさに絶景。このためだけにこの船に乗っていいといっても過言ではない。ぜひ一度は目にしてみたい光景だ。

日本にいながら海外気分 韓国人観光客を運ぶ国境航路

ビートルほか

対馬～釜山（長崎県～韓国）

海路で外国との距離が非常に近く、短時間で移動できるため、長崎県の対馬《つしま》は「国境」を肌で感じやすい土地柄だ。現在の人口は3万人強、南北に長く、入り組んだリアス式海岸が特徴で、古来から大陸との交流が盛んであり、日本と朝鮮半島の中継地としての歴史が長かった。島の最北端から朝鮮半島までは50km弱しかなく、古くから国防の面でも重要視された島だった。

そんな対馬へは、一般的には福岡市を経由していく。島南部の中心都市である厳原《いずはら》港、最北部にある比田勝《ひたかつ》港へ、福岡市から高速船とフェリーが出ている。この他に対馬と韓国の釜山港を結ぶ高速船が運航されているが、実は対馬にとっては、この韓国航路が重要な存在になっている。

日本から見れば、対馬は本土から離れた離島であり、観光地としては行きにくく感じられる。ところが、先述のように最短距離で50km程度しか離れていない韓国側には、韓国第

◆日韓フェリー航路年表

1970(昭和45)年6月19日	釜関フェリー株式会社「関釜フェリー」下関～釜山就航
1983(昭和58)年4月27日	釜関フェリー株式会社「釜関フェリー」釜山～下関就航
1983(昭和58)年5月	「フェリー釜関」就航により毎日運航開始
1990(平成2)年12月13日	カメリアライン株式会社「カメリア」博多～釜山就航
1991(平成3)年3月25日	JR九州「ビートルⅡ」博多～釜山就航
1998(平成10)年8月	釜関フェリー株式会社新造船「はまゆう」就航
2000(平成12)年4月	大亜高速海運高速船「シーフラワー号」対馬～釜山就航
2002(平成14)年5月	釜関フェリー株式会社新造船「星希」就航
2005(平成17)年10月	JR九州より分社化したJR九州高速船株式会社がビートル運航
2018(平成30)年7月	九州郵船株式会社運営の元「国内混乗便」博多～対馬～釜山就航

2の大都市である釜山市がある。その目と鼻の先にある日本の島ということで、「海外旅行を手軽に楽しめる場所」として認識されているのだ。2010(平成22)年には年間6万人だった韓国人観光客が、2015(平成27)年には21万人にまで急増した一方、日本人観光客はそれほど増えておらず、現在では、韓国人観光客が島の経済を支えるほどになっている。対馬市の観光政策や公共交通政策でも、韓国人観光客への対応が重視されるほどだ。

近年の需要急増を受け新規参入社も続々

朝鮮が日本による植民地支配下にあった戦

前は、日本から朝鮮半島への航路は多くはなかった。人員を運ぶ船としては、主に2航路。当時の鉄道省管轄で下関と韓国の釜山を結んだ関釜連絡船と、済州島と大阪を結んだ「君が代丸」だ。いずれも戦時中に事実上消滅してしまったが、関釜連絡船の区間を結ぶ航路として、1970（昭和45）年に「関釜フェリー」が立ち上がり、現在も国際定期航路として運航している。そのほか、大阪と博多からもそれぞれサンスターラインと「JR九州高速船」による釜山への航路がある。

対馬と釜山を結ぶ航路が開設されたのは、2000（平成12）年の4月。韓国側の「大亜高速海運」が釜山港と比田勝港、厳原港を結ぶ航路を運行開始したのが始まりだった。しばらくは1社が細々運航する体制だったが、2011（平成23）年の11月に、福岡〜釜山航路のジェットフォイルを運航する日本側のJR九州高速船と、韓国側の「未来高速」が相次いで参入した。JR九州高速船は以前から不定期で対馬にも寄港していたが、東日本大震災の発生により他の船会社が運休したことで定期化の声が高まり、航路の開設に踏み切った形だ。

東日本大震災や福島第一原発事故の影響で韓国人の日本旅行が落ち込んだため、一時は対馬市が補助金を支出して維持したこともあったが、3社体制になった後は韓国人観光客を中心に利用者が年々増加。特に韓国に一番近い比田勝港は、毎年1万5000人というペースで急伸している。

わずか1時間強で楽しめる「国境越え」

現在、対馬〜釜山航路は、比田勝〜釜山航路をメインとして運航されている。所要時間はわずか1時間10分程度で、時期により1〜3往復の運航。圧倒的に韓国人観光客の需要が多く、比田勝港の入国手続きでは日本人だとわかると入国管理官に驚かれる、という笑い話まであるという。

これに加え、韓国側では現在、釜山に近い巨済《コジェ》島の長承浦《チャンスンポ》と対馬を結ぶ航路を開設する計画が浮上している。巨済島も対馬同様、古くから日本との交通の要衝であった歴史があり、2010（平成22）年には釜山市とを結ぶ橋が開通するなど、利便性が向上した地域である。

なお、2018（平成30）年7月23日より、「JR九州高速船」が運航し、博多港と釜山港を比田勝港経由で運航する便で、「国内混乗便」が開始された。これは従来国内移動

◆博多～比田勝～釜山航路

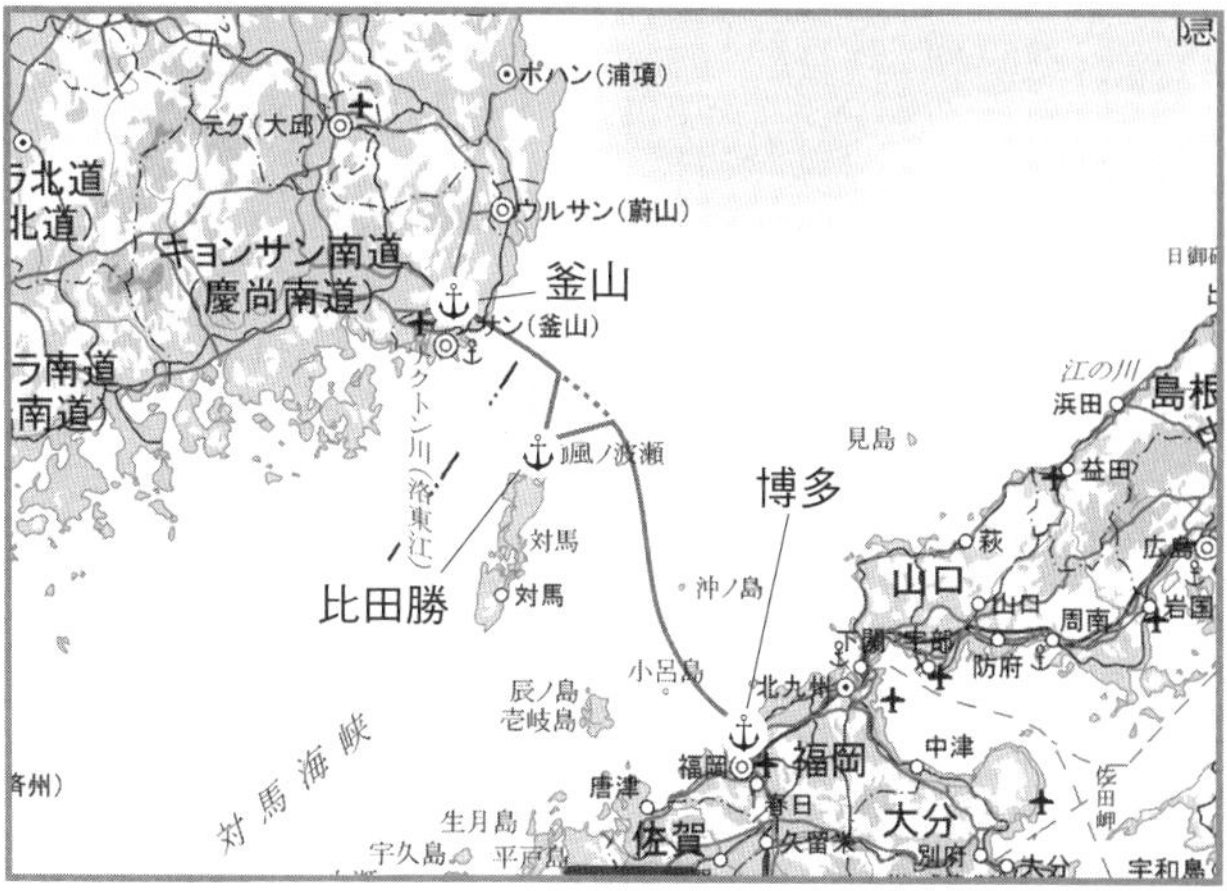

のみの利用ができなかった同航路で、一部の座席を国内移動のみの利用者に開放し、国際便利用者と一緒に利用できるようにしたもの。近年充実した韓国との航路に比べ、本土への航路は利便性が低かったため、修学旅行など利便性の向上という観点から、対馬市などからの強い要望があって実現した。

これは日本では初めての取り組みで、実施にあたっては、入国手続きの関係もあるので、船内では国内利用者のスペースをカーテンで区切るなどして分離を図った。また、国内利用者分の座席は、博多～対馬の航路を運営する「九州郵船」が販売を担当している。

バックパッカーをアジアへ運んだ復活が望まれる台湾国際航路

クルーズフェリー飛龍
クルーズフェリー飛龍21
名古屋～基隆・高雄（愛知県～台湾）

近年、週末に行ける身近な海外旅行先として人気の台湾。飛行機なら羽田空港から片道4時間ほどと近い。沖縄本島からの直線距離は約623kmで、日本の最西南端にある与那国島からは約111km。天気の良い日は、与那国島から台湾の島影が見えるほどだ。こんなに近いのならば、沖縄からの船を利用してみたい、と思う人も多いだろう。しかし現在、沖縄と台湾を結ぶ旅客航路はなく、貨物船が運航するのみだ。

過去には沖縄～台湾の旅客航路が存在していた。10年ほど前までは台湾へと向かう航路があり、バックパッカーや船旅好きには人気だったのだ。航行していた船は「クルーズフェリー飛龍」と「クルーズフェリー飛龍21」。1995（平成7）年に就航し、すでに航空便が主流となり旅客船が減り始めている時代に、流れに逆行するような旅客重視の船だった。なので経営はすぐに行き詰まり、1999（平成11）年には飛龍と飛龍21を運航していた有村産業が、約290億円の負債を抱えて会社更生法手続を開始。その後、再建が図られたが、２００８（平成20）年には原油高騰のあおりを受けて破産に追い込まれてしまった。同年６月には台湾航路は廃止され、沖縄から船で台湾に渡る手段はなくなってしまった。

船内の売店では免税でビールも格安だった

国境を越えて台湾まで航行していた、クルーズフェリー飛龍とクルーズフェリー飛龍21。この２つの船は一体、どんな船だったのだろうか。

２船はいずれもカーフェリーで、旅客と共に自動車も乗せていた。名古屋〜大阪〜与論（季節便）〜那覇〜宮古〜石垣までは同じ航路をたどり、飛龍は台湾北部の基隆へ、飛龍21は南西部の高雄へと向かっていた。

クルーズフェリー飛龍は、全長１６７m、全幅22m、国際総トン数1万６４８０トン、航海速力25ノット、車両積載数は乗用車１００台、トラック１４３台。６名定員のインサイドキャビンと４名定員のアウトサイドキャビン、さらに２名定員のスイートキャビンの３種類の船室を備えていた。

クルーズフェリー飛龍21は、全長・全幅は同じ規模ながら、国際総トン数は1万4700トン、車両積載数は乗用車89台、トラック123台と、前者に比べ少し小ぶりだった。4名定員のアウトサイドキャビンと2名定員のインサイドキャビンのほか、飛龍にはない、寝台タイプで180名が入れる大部屋のツーリストキャビンが設けられていた。

いずれもレストランやカフェ、バーが設けられており、ゲームコーナーなどのアミューズメント施設もあった。単に移動のための船というよりは、少し豪華なクルージングを楽しむための船だったようだ。したがって料金も格安というわけではない。1999（平成11）年当時の飛龍21の料金を例にあげると、特等アウトサイドキャビン1名利用で那覇～高雄2万9300円、2等ツーリストキャビン1名利用で1万8000円となっていた。

船内には売店もあり、飲料の自動販売機も設置されていた。船内の通常の自動販売機では、2003（平成15）年当時、350mlの缶ビールが250円で販売されていた。しかし、隣にある自動販売機では同じビールがなんと120円。船内には免税価格の自動販売機が設置されていたのだ。ただし、この自動販売機は石垣島～基隆・高雄の間しか利用できないので、名古屋～石垣間を利用した人は通常価格で買うしかなかった。

飛龍は土曜日、飛龍21は水曜日に名古屋港を出港。2日後の夜に那覇を出ると、飛龍は

日本から台湾への架け橋となっていた「クルーズフェリー飛龍」 写真：にらいかない

翌日の夕方、飛龍21は翌々日の早朝にそれぞれ基隆・高雄に到着する。名古屋からは4～5日、那覇からも丸1日近くかかる航路だったのだ。

浮かんでは消える那覇～台湾航路復活計画

2008（平成20）年6月に台湾航路が廃止となった後も、航路復活は沖縄の人々の望みだった。そのため、同年7月には「琉球フェリー」設立準備委員会が、売却予定の飛龍21を購入して航路を存続させる計画を発表した。しかし、資金調達などがうまくいかずに計画は頓挫。さらに8月には、当時の衆議院議員と全日本海員組合沖縄支部長が、沖縄県や石垣市、宮古島市に、「先島フェリー」設立と有村産業が売却する船の購入、台湾航路の継続への協力を求めた。しかし、この計画も実現はせず、飛龍は韓国に、飛龍21は東京～沖縄の航路事業を担うマルエーフェリーに売却され、台湾航路は姿を消してしまったのだった。

月日は流れ、２０１６（平成28）年5月、沖縄の物流会社の株式会社あんしんと、台湾の物流大手ワゴングループが連携して、花蓮～石垣を最短4時間で結ぶ高速フェリー「ナッチャン・レラ」を試験的に運航させた。これを足掛かりに、同年11月には蘇澳・花蓮～石垣のチャーター便の運航、さらには定期便化を目指し、台湾航路を復活させる予定だった。

しかし、石垣港への税関や出入国管理、検疫の設置が思うように進まず、計画は翌年に延期。２０１７（平成29）年5月時点ではこれらの問題も解決のめどがつき、基隆港をメインとして石垣港との間に週2便を予定していたが、結局、計画は白紙に戻ってしまった。石垣島はリゾート地として知られてはいるが、食や買い物、アミューズメント性などの面で弱く、台湾側の集客が見込めなかったのだ。目の前に迫っていた念願の台湾航路復活は、またも叶えられなかった。

◆日台航路年表

1895(明治28)年4月	日清戦争により台湾の日本統治開始
1896(明治29)年5月	大阪商船が大阪〜基隆航路「大阪台湾線」を開設
同年9月	日本郵船が神戸〜基隆航路を開設
1910(明治43)年	大阪商船の「笠戸丸」が台湾航路に就航
1911(明治44)年	大阪商船の「亜米利加丸」が台湾航路に就航
1914(大正3)年	大阪商船が「香港丸」を就航。6000トン級の使用船3隻で月6回の航海
1923(大正12)年	日本郵船の神戸〜基隆線が独立し「近海郵船」となる
1937(昭和12)年	近海郵船、初の新造船「富士丸」を投入し大型化を図る
1942(昭和17)年	船舶運営会に航路が移管される
1945(昭和20)年10月	台湾が日本から中華民国に編入
1995（平成7）年	有村産業「クルーズフェリー飛龍」、「クルーズフェリー飛龍 21」が就航
2008（平成20）年6月	有村産業破産。台湾航路廃止
2012（平成24）年10月	津軽海峡フェリーが「ナッチャン・レラ」を台湾企業に売却
2016（平成28）年5月	「ナッチャン・レラ」が台湾からの経済視察団を乗せ石垣に初入港。定期化を目指すも延期に
2017（平成29）年11月	「ナッチャン・レラ」での石垣〜台湾航路運航を断念

世界の旅客船④

船上を埋めつくす見渡す限りのハンモック！

ブラジルほか

ブラジルを中心に、ベネズエラなど周辺諸国を流れるアマゾン川。全長約6500㎞、流域面積750万㎢に及ぶ世界最大の河川だ。アマゾン川流域は道路網があまり発達していないため、船は主要な交通手段として毎日運航している。

船の規模や設備はさまざまな中、日をまたいで運航する船でも、ベッドを備えた客室が設けられていない。では乗客はどうやって寝るかというと、持参したハンモックを吊るしてそこに寝るのだ。そのため、通称「ハンモック船」と呼ばれている。天井には等間隔にフックが設置してあり、スペース内であればどこでも吊るしてOK。荷物を縛れる柱や、コンセント近くなど人気の一角はすぐに埋まってしまうため、乗船時間になると場所取り合戦が繰り広げられることもしばしば。こうして隅々まで吊るされた、色とりどりのハンモックがズラリと並ぶ光景は、圧巻の一言だ。ちなみに、ハンモックは船着場で購入できる。

チケットは、3食付きが基本。食堂や売店も備わるが、時間ごとに米、パスタ、豆、肉または魚料理が供される。トイレ・シャワーも完備。3泊4日の行程が1日2日と延びることは、南米諸国ではよくあること。思わぬ長旅になっても、これなら問題なく過ごせる。船によっては個室もあるが、その値段はハンモック席の2～3倍、飛行機並みに高額だ。

第6章

航路・旅客船おもしろ雑学

日本最大の座に君臨する旅客船2隻は同一会社の同一長距離路線に就航

巨大な船舶と聞いて多くの人が想像するのは、原油を運ぶタンカーではないだろうか。世界最大のタンカーは、アメリカとベルギーの海運会社がそれぞれ所有する「TI級」と呼ばれるクラスの船舶で、総トン数23万2600トン超を誇る。さらに、積み込める貨物の量を表す載貨重量トン数では、44万トン超という数字になる。日本国内で運航されているタンカーの多くは、総トン数5000～7000トンほどということを考えると、まさにケタ違いの大きさといえるだろう。

旅客船では、イギリスのロイヤル・カリビアン社が運航する「シンフォニー・オブ・ザ・シーズ」が、総トン数23万トンで世界最大。なんとメリーゴーラウンドやアイススケートリンク、ウォータースライダーなどの各種エンタメ施設まで備える、規格外のクルーズ船だ。さらに驚くべきことに、同社には同じクラスの船7隻が在籍しており、各地で活躍を続けている。

かつてのチャンピオンは別航路に転出

日本国内に目を移してみると、定期運航で大型船が就航している航路は、基本的には長距離フェリー航路だ。2018（平成30）年現在、最大のフェリーが就航しているのは新日本海フェリーの新潟～小樽間で、総トン数1万8300トンの「ゆうかり」「らいらっく」。全長が199・9mに抑えられているのは、200mを超える船は法規上の「巨大船」の範疇に含まれることになり、運航上の制約が大きくなるからといわれている。

それまで、この航路には同じ会社の「フェリーあざれあ」「フェリーしらかば」の2隻が就航し、長く国内における大型客船のタイトルホルダーとなっていたが、これよりも一回り大きな新造船の就航によって、2隻とも苫小牧～敦賀間の航路に転出している。

クルーズ船では、「飛鳥Ⅱ」「ふじ丸」「にっぽん丸」「ぱしふぃっくびいなす」といった大型客船が名を連ねる。この中で最大は「飛鳥Ⅱ」で、総トン数5万1142トン。1990（平成2）年に就航した「クリスタルハーモニー」を改装・改称し、2006（平成18）年に再度就航した。

引退後に異国で復活することも 大型旅客船の「その後」あれこれ

大型旅客船の寿命は、おおむね20～30年ほど。なかでも船会社のイメージを左右する最重要船（フラッグシップ）は、常に最高水準の性能とサービスを求められる。結果として設備の陳腐化は早まり、第一線での活躍の期間も短くなる。

老朽化によって第一線を離れた船が向かう、第二、あるいは第三の職場は、実にさまざまだ。最も多いのは、同じ海運会社が持っている利用客の少ない航路に転出するというものである。鉄道車両を例にするならば、幹線で働いていた特急形車両が、ローカル線へ転属するようなものだろうか。そして、別の海運会社に船が売却され、航路に就航することも多い。

例えば日本の大型客船では、青函航路に就いていた「ナッチャンrera」が台湾に売却されて定期航路に就航している。また、東京～高知に就航していた「さんふらわあ くろしお」は韓国のパンスターフェリーに売却され、現在では「パンスター・ドリーム」とし

瀬戸内海を優雅にクルージング、釜山〜大阪の航路を結ぶ「パンスター・ドリーム」

て釜山〜大阪の航路に就航しているなど、多くの船が海外で第二の人生を歩んでいる。

引退船がホテルや博物館に！

最晩年には8隻が就航していた国鉄青函連絡船の、退役後の歩みもさまざまだ。「十和田丸」はおよそ20億円という費用をかけて、クルーズ船「ジャパニーズドリーム」に変身。しかし、この運航も1992（平成4）年には終了し、1995（平成7）年にはアメリカ資本の会社に譲渡され、現在は解体されたものと見られている。「八甲田丸」と「摩周丸」は、それぞれフローティングパビリオンとして保存され、前者は青森港の、後者は函

「メモリアルシップ」として保存されている八甲田丸

館港の、それぞれ岸壁に係留されている。この他にも、退役後はそのまま博物館とされた事例は、国内だけでなく海外にも多い。

主に日本～シアトル航路に就航し、戦前の日本を代表する客船だった「氷川丸」は、長く横浜の山下公園に面した岸壁に係留され、ユースホステルや、ビアガーデンなどの営業を続けていた。しかし、2006（平成18）年12月に運営会社が営業を終了。その行く末が危ぶまれたが、元々のオーナーである日本郵船がこれを引き取り、リニューアルの上、歴史博物館として再スタートを切った。「氷川丸」は2016（平成28）年8月に、国の重要文化財に指定されている。

今やかなりのレアシーンとなった進水式の「シャンパン割り」セレモニー

シャンパンが船に叩きつけられて割れると、真新しい船体が傾いた船台の上をするすると動きだし、やがて船体は海の中へ。ひと昔前の船の進水式は、このような「船台進水」が一般的だった。シャンパンを船体に叩きつけて割るのは、船を清めるためだ。

そんな進水式だが、近年のそれは昔のスタイルとはずいぶん様変わりしている。

現代の大型船は、ブロックを積み上げてゆく工法で作られる。ブロックとは船を小さな区画に分けて作ったものである。1辺が10m以上もの大きさとなる各ブロックは、内部の配線や配管工事を地上の工場で行うのが通例で、その後ドックに運ばれ、ブロック同士を溶接して組み上げられてゆく。1回の溶接作業には数日かかるうえ、大型客船ともなればこのブロックの数が1000個以上にもなるため、作業はとても大がかりなものとなる。

現代の造船においては、小規模の造船所を除けば、昔ながらの船台で建造しているところはほとんどない。工場で製作するブロックをいかに大型化して、ドックへの搬送と溶接

◆船台進水とドック進水

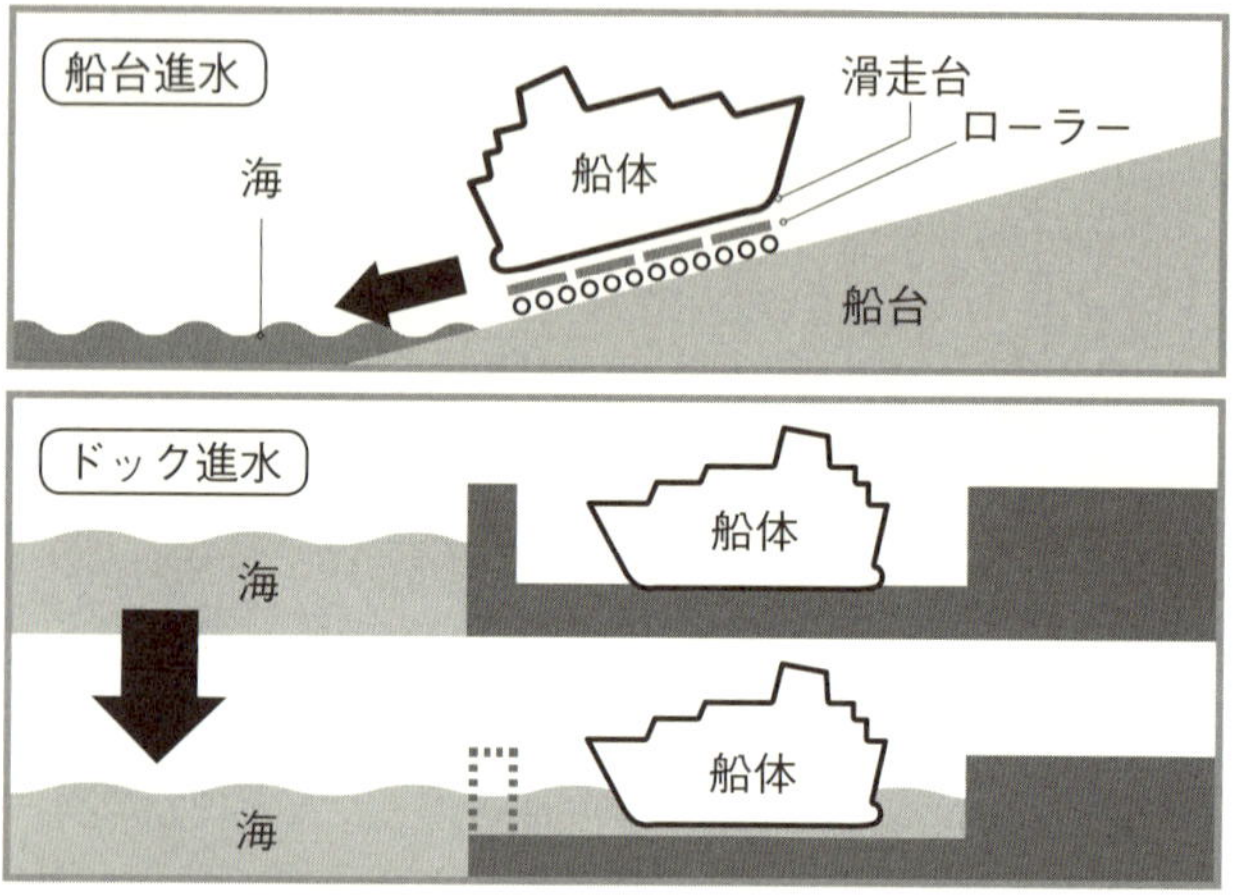

作業の負担を軽減するかが課題となっている。昔ながらの船台は、進水のことを考えて傾斜がつけられていたが、そのような環境の下で工作の精度と、作業の安全を確保することは難しい。そのため時代に応じて工法も変わってきているのだ。

そんな現代の船の進水は、ブロックが組みあがったところでドックに海水を注入して船を浮かばせる、「ドック進水」というスタイルが一般的だ。かつて進水式で行われていたシャンパン割りなどのセレモニーは、船名の命名式に際して行われるようになった。昔ながらの船台進水と比べ、どこか質素なイメージがある現代の進水だが、これもまた時代の流れというところだろうか。

船の名前はどうやって決まる？ひらがなや「丸」が多い理由

日本国籍の船は、船名と船籍港を管海官庁に登録しなければならない。あわせて船首両側と船尾外部の見やすいところに、船名を表示することが求められている。しかし、命名についてのルールは存在しない。日本国籍の船であっても、アルファベットを使用した名前をつけることは可能だし、もちろん実際にそのような船名もある。

また、日本の商船については、船に対する課税金額が安い国に船籍を置く「便宜置籍《べんぎちせき》船《せん》」（187ページ参照）と呼ばれる船が増えているが、たとえ船籍が外国だろうと、船名に漢字を使うこともある。命名は完全に船主の好みによるものなのだ。

それにしても日本の船名は、なぜひらがなを使った名前が多いのだろうか。これには海上保安庁所属の巡視船、巡視艇や、海上自衛隊所属の主要な艦艇には、ひらがなのみを用いて命名する慣例があることが影響しているようだ。商船の船主もこの慣例にならい、ひらがなの名前を付けることが多い。

「丸」の由来には諸説あり

今でこそ少なくなったものの、かつて日本の船の多くは末尾に「丸」の文字を加えた名前が付けられていた。この「〜丸」という船名について言及した公的文書は、1900（明治33）年に制定された「船舶法取扱手続」だ。ここには、「船舶の名称はなるべく最後を丸とするべし」と明確に謳われている。

しかし、それ以前の船にも、「〜丸」という名前は多い。そもそもの起源については諸説があり、自分のことを指す「麿《まろ》」と言う言葉が転化したという説や、まだ幼い子につける「〜丸」という名前が船にも用いられるようになった、という説などがある。もちろん、この慣例があるのは日本のみで、このことから日本の船を「マルシップ」と呼ぶことが外国人船員などの間では慣例化しているようだ。

一方で、外国の船の名前はといえば、たとえば「クイーン・エリザベス」といった人の名前や、地名を冠したもの、あるいは「ディズニー・ファンタジー」といったコンセプトを表すものなどさまざま。ちなみにあの「タイタニック」は、ギリシャ神話に登場する巨人「タイタン」が由来だ。

「船籍」と「船籍港」は別物！船の戸籍を決める基本ルール

船に関する国際法のうち、最も基本的なルールの1つに、「船が国籍を有すること」というものがある。公海上を航行する船はいずれかの国に属する、すなわち船籍を有することが義務付けられ、その国の法律に従って運用されるのだ。

ただし、それぞれの船の船籍は、所有者の国籍に帰属させる必要はない。現在では、パナマ、リベリア、バハマなどに船籍を置くことが非常に多く、現在、日本国内で建造される大型客船も、ほとんどが日本国籍ではないといっていい。

理由は明快、税金対策だ。右に挙げた各国は船に対してかかる税金が安いため、船籍が置かれやすい。これは「便宜置籍船」と呼ばれる方策で、日本だけでなく、世界の多くの船主が採用している。船籍が置かれる国にとっても、便宜置籍船を獲得すると一定の税収入が見込めるというメリットがあるため、他の国よりも税率を低くすることで、便宜置籍船の増加を図っているのだ。

さらに、自国だけでなく、ロンドン、ニューヨークなどに事務所を置き、例えば日本からでも代理店を通ずることで、比較的簡単に法手続きを行うことができるようにするなど、一般企業のサービス合戦にも似た図式が出来上がっている。この方策には、船主にとっても自国の法の適用を免れるというメリットがあるが、その一方で近年は便宜置籍船による違法行為も目立つようになってきたとされ、見直しの動きも生まれている。

船が帰るべき港が「船籍港」

もう1つ、船に関する基本的な取り決めに、「船籍港」の指定がある。船籍港とは、その船の所有者が、船舶の登記、および船舶国籍証書を受ける場所のこと。船籍港は、船が航行しうる水面に接した市町村、またはこれに準じる行政区画に限られるが、やむを得ない理由がある場合には、日本国内の別の場所にもできる。

船舶国籍証明書には、船の名前ばかりでなく、進水年月日、総トン数、主機関の種類や数などの主要目が詳細に記載されており、外航船の入港に際しては、これを必ず税関に提示することが義務付けられている。いわば「船のパスポート」というわけだ。

食事もまた船旅の醍醐味
旅客船の献立いまむかし

特に長距離の船旅では、毎日の大きな楽しみとなるのが食事だろう。まだ冷蔵・冷凍の技術が未発達だった遠い昔には、生きた動物をそのまま船に乗せ、新鮮な食材の不足を防いだという逸話も残されているが、現代のクルーズ船や長距離フェリーの食料事情は、技術の発達により昔とは比べものにならないほど充実し、メニューにも工夫が凝らされるようになった。

現在、国内の定期航路の主役となっている長距離フェリーでは、船内の滞在時間が1～2泊になることから、どの船にも本格的なレストランが備えられており、それが売りにもなっている。

その中で今、主流となっているのがバイキングスタイルでの食事の提供だ。好きなものを好きなだけ、ゆっくりと食べられるため、時間的な制約が比較的少ない船の旅にはマッチしているのだろう。ブレックファスト、ランチ、ディナーで少しずつ趣向を変えて、船内の食事は3食ともバイキングとしている船もある。

それとは逆に、関西と北九州を結ぶ関九フェリーでは、「おでん110円、牛すじ煮400円、ライス180円、味噌汁150円、豚汁250円」という具合に、非常に細かくメニューを設定している。このあたりは、飾ることを嫌う関西人の気質に応えたものだろうか。

また、小笠原航路の「父島漁港の海鮮丼」や、四国オレンジフェリーの「宇和島鯛めし」など、発着地にちなんだ地産の食材を提供している船もある。船の食事メニューを厳選して、旅の行程を決めるのも一興かもしれない。

一方、乗船時間が短い短距離フェリーなどでは、食べる時間もないので船上の設備は簡素な売店にとどめ、港に隣接してレストランを設けている例が多い。もちろん、お土産品を扱っている売店も併設されているので、地産地消のお土産探しにこれらの店を訪ねてみるのも楽しい。

短距離航路の食事ながら有名だったのは、宇高連絡船のデッキで販売されていた「連絡船うどん」だ。四国行きの船上で食べるうどんは、香川県民をはじめとする四国の人々に郷愁を感じさせ、人気を博していた。

宇高連絡船のデッキのうどん店。現在は高松駅のホーム「連絡船うどん」が再現されている

イベントで復刻された復刻版・「連絡船うどん」

編　者

風来堂（ふうらいどう）

編集プロダクション。国内外の旅行をはじめ、歴史、サブカルチャーなど、幅広いジャンル&テーマの本やweb記事を制作している。バスや鉄道、航空機など、交通関連のライター・編集者とのつながりも深い。近刊に『サイハテ交通をゆく』『秘境路線バスをゆく1 ～ 4』（以上、イカロス出版）、『高速バスの不思議と謎』『全国ローカル路線バス』『都バスの不思議と謎』（以上、実業之日本社）など。

http://furaido.net

※本書は書き下ろしオリジナルです

《参考文献》 谷川一巳『フェリー活用読本:気軽に楽しむ船旅ガイド』（中央書院）／池田良穂『プロが教える 船の全てがわかる本』（ナツメ社）／池田良穂『今日からモノ知りシリーズ トコトンやさしい 船舶工学の本』（日刊工業新聞社）／池田良穂『船の最新知識』（ソフトバンク クリエイティブ）／池田良穂『図解雑学 船のしくみ』（ナツメ社）／賞雅寛而編著『面白いほどよくわかる 船のしくみ』（日本文芸社）／森 隆行『ビジュアル図解　まるごと！ 船と港』（同文舘出版）／『日本全国たのしい船旅』／『日本全国たのしい船旅2』／『にっぽん全国たのしい船旅2013-2014』／『鉄道連絡船のいた20世紀』（以上、イカロス出版）／『別冊 小笠原航路前史』（小笠原海運）／「小笠原 特集第61号」（小笠原協会）／小林亥史『青ヶ島島史』（青ヶ島村）／『青ヶ島の生活と文化』（青ヶ島村）／『伊豆諸島・小笠原諸島民俗誌』（東京都島嶼町村一部事務組合）／『青ヶ島』（千曲秀版社）／三田村信行『火の島に生きる　悲劇の島・青ヶ島の記録』（偕成社）／『伊豆諸島東京移管百年史』（東京都島嶼町村）／カベルナリア吉田『絶海の孤島』（イカロス出版）／樋口秀司編『伊豆諸島を知る事典』（東京堂出版）／『滋賀近江八幡 水都八都　No.18』（近江八幡観光物産協会）／『近江八幡市・島学区の民俗』（近畿大学文芸学部）／『水辺の記憶　近江八幡市島学区の民俗誌』（近江八幡市市史編纂室）／西村慶明『日本の客船シリーズ No.1 橘丸』（モデルアート）／『東海汽船80年のあゆみ』（東海汽船）／柳原良平・西村慶明『橘丸物語り』（至誠堂）／『SHIMADAS』（日本離島センター）

※各ページの航路図には、国土地理院電子国土Webを用いています

じっぴコンパクト新書　357

船《ふね》の航行《こうこう》にはどんなルールが？

航路《こうろ》・旅客船《りょかくせん》の不思議《ふしぎ》と謎《なぞ》

2018年11月7日　初版第一刷発行

編　者……………株式会社風来堂

発行者……………岩野裕一

発行所……………株式会社実業之日本社

〒107-0062 東京都港区南青山5-4-30

CoSTUME NATIONAL Aoyama Complex 2F

【編　集】TEL.03-6809-0452

【販　売】TEL.03-6809-0495

http://www.j-n.co.jp/

印刷・製本…………大日本印刷株式会社

ISBN978-4-408-00919-3（第一BG）